Archiv-Nr. 11 04 39
Satz und Druck von Buchdruckerei Oswald Schmidt KG.,
Leipzig III/18/65
Printed in Germany
722/50/50

A

SAMMLUNG GÖSCHI

DAS TIERR

Redigiert von H. v. Len

III

WÜRMEI

Platt-, Hohl-, Schnurwi
Kamptozoen, Ringelwürmer, P
Bärtierchen, Zungenwi

Von

DR. S. JAECKE
Zoologisches Museum der Humboldt-Ui

Mit 36 Abbildungei

WALTER DE GRUYTI
vormals G. J. Göschen'sche Verlagshandlung ·
buchhandlung · Georg Reimer · Karl J. Trü
BERLIN 1955

DAS TIERREICH
IN DER SAMMLUNG GÖSCHEN

ist wie folgt gegliedert:

Bd. I.	Einzeller.
Bd. II.	Schwämme und Hohltiere.
Bd. III.	Plattwürmer, Hohlwürmer, Kamptozoen, Schnurwürmer, Ringelwürmer, Protracheaten, Bärtierchen und Zungenwürmer.
Bd. IV. 1.	Gliederfüßer: Krebse.
Bd. IV. 2.	Gliederfüßer: Trilobitomorphen, Fühlerlose und Tracheenatmer: Tausendfüßler.
Bd. IV. 3.	Gliederfüßer: Insekten.
Bd. V.	Weichtiere.
Bd. VI.	Stachelhäuter, Tentakulaten, Binnenatmer und Pfeilwürmer.
Bd. VII. 1.	Chordatiere: Manteltiere, Schädellose, Rundmäuler.
Bd. VII. 2.	Chordatiere: Fische.
Bd. VII. 3.	Chordatiere: Lurche.
Bd. VII. 4.	Chordatiere: Kriechtiere.
Bd. VII. 5.	Chordatiere: Vögel.
Bd. VII. 6.	Chordatiere: Säugetiere.

STÄMME DES TIERREICHES

1. Urtiere *(Protozoa)*
2. Schwämme *(Spongia)*
3. Hohltiere *(Coelenterata)*
4. Plattwürmer *(Plathelminthes)*
5. Hohlwürmer *(Aschelminthes)*
6. Schnurwürmer *(Nemertini)*
7. Kamptozoen *(Kamptozoa, Entoprocta)*
8. Ringelwürmer *(Annelida)*
9. Protracheaten *(Protracheata, Onychophora)*
10. Bärtierchen *(Tardigrada)*
11. Zungenwürmer *(Linguatulida)*
12. Gliederfüßer *(Arthropoda)*
13. Weichtiere *(Mollusca)*
14. Stachelhäuter *(Echinodermata)*
15. Tentakulaten *(Tentaculata)*: Armfüßler *(Brachyopoda)* und Moostierchen *(Bryozoa)*
16. Binnenatmer *(Enteropneusta)*
17. Pfeilwürmer *(Chaetognatha)*
18. Chordatiere *(Chordata)*

INHALT

von Bd. III

EINLEITUNG

1. Stamm: Urtiere *(Protozoa)*,
2. Stamm: Schwämme *(Spongia)*,
3. Stamm: Hohltiere *(Coelenterata)*,
4. Stamm: Plattwürmer *(Plathelminthes)*,
5. Stamm: Hohlwürmer *(Aschelminthes)*,
6. Stamm: Schnurwürmer *(Nemertini)*,
7. Stamm: Kamptozoen *(Kamptozoa, Entoprocta)*,
8. Stamm: Ringelwürmer *(Annelida)*,
9. Stamm: Protracheaten *(Protracheata, Onychophora)*,
10. Stamm: Bärtierchen *(Tardigrada)*,
11. Stamm: Zungenwürmer *(Linguatulida)*.

Die in der Einleitung zur Gruppe der „Würmer" in Bd. VI der ersten Ausgabe des „Tierreiches" von Böhmig geschriebenen Sätze gelten auch heute noch, sogar infolge der Forschungsergebnisse der seitdem vergangenen 40 Jahre in erhöhtem Maße. Der Begriff „Würmer" ist ein mit ihrer Kriechbewegung zusammenhängender funktioneller, aber kein phylogenetisch-systematischer. Es gibt kein alle „Würmer" bezeichnendes Merkmal, wenn man sich nicht mit der Feststellung begnügen will, daß sie bilateral-symmetrische *Protostomia* und nach der ventralen Lage des Nervensystems *Gastroneuralia* sind. Äußerlich wurmähnliche Gruppen finden sich auch unter den *Deuterostomia*.

Um die systematische Anordnung der in diesem Band zu besprechenden Tiergruppen zu begründen, ist eine eigene Meinungsäußerung erforderlich. In Kükenthals „Handbuch der Zoologie" bilden die *Vermes* einen Stamm mit den drei Unterstämmen *Vermes Amera, V. Polymera, V. Oligomera*. Es ist aber notwendig, mindestens drei große Stämme der sog. *Vermes* anzunehmen, da ihre verwandtschaftlichen Beziehungen nicht so eng sind, daß sie ihre gemeinsame Stellung in einem Stamm erlauben. Gegen die Einteilung der „*Vermes*" in die drei genannten Unterstämme (*Vermes Amera* usw.) spricht auch, daß zu den *V. Oligomera* nach Krumbach auch die *Tentaculata* und *Enteropneusta* gehören sollen. Beide werden aber nach dem Vorschlag Ulrichs als *Archicoelomata* bezeichnet und mit den anderen zu ihnen gehörenden Gruppen in Bd. VI behandelt.

Auch der Begriff *Scolecides (Plathelminthes + Aschelminthes)* entspricht nicht mehr den heutigen Kenntnissen. Letztere haben mit ersteren keine nähere Verwandtschaft, sondern sind vielleicht als sekundär vereinfachte Formen aufzufassen, die vermutlich schon früh von den Ringelwürmern *(Annelida)* ausgegangen sind und ihnen daher folgen müßten, wenn im vorliegenden Band nur die „Würmer" behandelt würden.

Unhaltbar und allgemein aufgegeben ist die Gruppe der *Gephyrea*, die infolge sehr ähnlicher Lebensweise konvergent ist, aber zu verschiedenen höheren Einheiten gehören dürfte, soweit jetzt schon ein Urteil möglich ist. Das Fehlen der Segmentierung, die auch am Bauchstrang nur undeutlich ist, hängt wohl mit ihrer fast sedentären Lebensweise zusammen. Aber die Larvenform und andere Merkmale lassen an der Zugehörigkeit der *Echiurida* und auch der borstenlosen *Sipunculida* zu den *Annelida* kaum Zweifel entstehen, während die *Priapulida* wohl abseits stehen. Eigene Stämme dürften auch die *Nemertini* und *Kamptozoa* sein.

Die Ringelwürmer sind *Articulata*, d.h. *Protostomia* mit bilateral-symmetrischem, gegliedertem Körper, dessen aufeinanderfolgende Segmente ursprünglich gleichen Bauplan haben. Während sich die dorsale Lage des Hauptgefäßes und die ventrale des Nervensystems auch bei den zu den *Articulata* gehörenden Gliederfüßern *(Arthropoda)* findet, haben letztere die Regionenbildung des Körpers im Zusammenhang mit der Bildung der Extremitäten erworben, und es hat sich bei ihnen durch Vereinigung der primären und sekundären Leibeshöhle eine einheitliche Leibeshöhle gebildet.

Die systematische Anordnung der *Annelida* ist noch nicht befriedigend gelöst; der Begriff Borstenfüßer *(Chaetopoda)*, ursprünglich die Polychaeten und Oligochaeten umfassend, nimmt keine Rücksicht auf die durch verschiedene Zwischenformen wie *Agriodrilus* und *Acanthobdella* und durch die gemeinsamen Merkmale erwiesene Zusammengehörigkeit der Oligochaeten und Hirudineen, die als zwei Ordnungen der Klasse *Clitellata* zu betrachten sind. Die *Archiannelida* werden nach dem Vorschlag Remanes als Ordnung in die Klasse der Polychaeten eingereiht. Die Zugehörigkeit der borstenlosen *Sipunculida* zu den *Annelida* ist schon erwähnt. Unklar ist die Stellung der *Poeoboidea*.

Aus raumtechnischen Gründen sollen im Bd. III auch weitere drei Tierstämme behandelt werden, die zwar keine „Würmer“ sind, aber die Merkmale von Articulaten haben, und die bald mehr an die Ringelwürmer, bald mehr an die Gliederfüßer gestellt werden. Als vermutliche Abkömmlinge ersterer folgen sie ihnen. Stempell nennt sie *Proarthropoda*. Es sind die *Onychophora, Tardigrada* und *Linguatulida*. Damit soll der Zusammenhang mit Bd. IV *(Arthropoda)* hergestellt werden.

4. STAMM:

PLATTWÜRMER *(Plathelminthes)*

Die Plattwürmer sind bilateral-symmetrische *Protostomia* von flacher Körperform, die ihnen in Ermangelung von Atmungsorganen die Hautatmung ermöglicht. Das Nervensystem ist auf ein netzförmiges Nervengeflecht zurückzuführen und hat keine Bauchganglienkette. Der Darm hat keine Afteröffnung, er kann stark verästelt sein (*Tricladida, Polycladida*, manche Trematoden) und so als Gastrovaskularsystem die Funktion der fehlenden Blutgefäße übernehmen oder bei den Bandwürmern, die durch Endosmose die Nahrung aufnehmen, ganz fehlen. Eine sekundäre Leibeshöhle (Zölom) fehlt; der Raum zwischen Hautmuskelschlauch und Darm ist von Parenchym (Mesenchym) (Abb. 1) erfüllt. Als Exkretionsorgane dienen Protonephridien. Die Plattwürmer sind primäre Zwitter, ihre getrennten Gonaden haben entweder zahlreiche Keimzentren (polymere G.) oder nur wenige (oligomere G.). Die weiblichen Gonaden sind meist in Eier- und Dotterstöcke getrennt. Die bei den Polycladen vorkommende Larvenform (Müllersche Larve) hat keinen After und kann wie die Larve der Schnurwürmer als Protrochula bezeichnet werden. Die parasitischen Gruppen (Trematoden und Cestoiden) dürften von den einfachsten Turbellarien, als welche die *Rhabdocoela* anzunehmen sind, abstammen; die Cestoden sind also nicht von den Trematoden abzuleiten, wie oft angenommen wurde. Ihre Larvenformen sind nicht primär. Die Urform der Strudelwürmer ist unbekannt, sie ist vielleicht aus einer Larvenform von Coelenteraten hervorgegangen. Zu den Plattwürmern gehören drei Klassen. Die *Nemertini*, die After und Blutgefäßsystem haben und primär getrenntgeschlechtlich sind, werden nicht als solche betrachtet.

1. Klasse: STRUDELWÜRMER *(Turbellaria)*

Vorwiegend freilebende Plattwürmer mit ovalem oder blattförmigem Körper und bewimperter Haut. Darm fehlend, stabförmig oder verästelt.

Die Strudelwürmer bewohnen in etwa 1500 Arten, die auf 6 Ordnungen verteilt sind, das Meer, Süßwasser und feuchte Erde. Ihren Namen haben sie nach der Bewimperung der Körperhaut, die zwar nicht das einzige, aber ein wesentliches Mittel zur Bewegung ist. Die kleinsten Arten sind etwa 1 mm, die größten etwa 60 cm lang. Der meist flache Körper kann auch rund oder fadenförmig sein, vor allem bei den *Rhabdocoela*. Die Rückenfläche des Körpers ist in der Regel stärker gewölbt als die Bauchfläche, er ist stets ungegliedert. An seinem Vorderende können verschieden geformte Fortsätze sein.

1. Haut und ihre Bildungen

Ein einschichtiges, Wimpern tragendes Epithel bildet die oberste Schicht der Haut, der im Gegensatz zu Trematoden und Cestoiden eine Kutikula fehlt. Nur die *Temnocephala* sind ganz oder teilweise ohne Wimpern. Der Wimperschlag bewirkt bei den kleinen Formen die Ortsbewegung, trägt bei größeren zu ihr bei und dient auch der Atmung, da besondere Atmungsorgane fehlen. Die Epithelzellen können in die Tiefe der Haut verlagert sein, so daß nur ihre kernlosen peripheren Enden die Oberfläche erreichen (versenktes Epithel). Zwischen und unter den Epithelzellen liegen Hautdrüsenzellen, deren Sekret ungeformt oder geformt sein kann. Im letzteren Fall sind es stäbchenförmige Gebilde, die Rhabditen. Außer den in Epithelzellen gebildeten, dermalen Rhabditen gibt es auch im Parenchym entstehende. Sie quellen im Wasser und haben eine verschiedene Funktion. Sie dienen der Verteidigung, dem Fang der Beute, und ihr sich allmählich verfestigender Schleim bildet in Trockenzeiten eine schützende Hülle um das Tier. Ferner enthält die Haut Klebzellen und Schleimdrüsen, besonders an den Körperrändern und an der Bauchseite; der von ihnen ausgeschiedene Klebstoff bzw. Schleim ermöglicht die Befestigung an der Unterlage, z. B. in schnellfließenden Gebirgsbächen, ferner das Gleiten an der Wasseroberfläche, das Spinnen von Fäden in Luft und Wasser, und fördert die gleitende Bewegung, die eine Schleimspur wie bei Schnecken zurückläßt und wie bei ihnen durch abwechselnde Kontraktionen der längs- und querverlaufenden Fasern der ventralen Muskeln bewirkt wird. Ein Verkleben der Wimpern ist nicht möglich, da Klebstoff nur am Rand und Körperende ausgeschieden wird.

Bei manchen Formen im Süßwasser und im Meer lebender Strudelwürmer finden sich in der Haut Nesselzellen, die von als Nahrung aufgenommenen Nesseltieren stammen und nach der Wanderung durch den Darm aktiv in die Haut gelangen. Ob diese Kleptokniden wie bei manchen Hinterkiemern als Waffe wirken, ist noch nicht sicher. Einzelne Tiere, z. B. *Convoluta, Castrada* und *Dalyella (Vortex viridis)* haben in ihrem Körper grüne Algen als Symbionten, erstere Gattung kann ohne sie nicht leben, andere brauchen sie nicht unbedingt. Die „Infektion" geschieht durch den Darm. Da diese grünen Algen Licht zur Assimilation nötig haben, sind die sie beherbergenden Strudelwürmer positiv phototaktisch.

2. Muskulatur

Auf die unter dem Epithel liegende Basalmembran folgt der für die „Würmer" bezeichnende Hautmuskelschlauch mit einer äußeren Ring- und einer inneren Längsmuskelschicht, die bei Verlängerung und Verkürzung des Körpers als Antagonisten wirken, manchmal auch noch mit einer Diagonalmuskelschicht. Außer dieser Muskulatur sind noch Körpermuskeln vorhanden, teils vorwiegend dorsoventral verlaufende Parenchymmuskeln, teils Organmuskeln. Das Parenchym, das den Raum zwischen Körperwand und Darm ausfüllt, ist meist ein feinmaschiges Netzwerk. Es dient nicht nur als Füll- und Stützgewebe, sondern beteiligt sich auch am Stoffwechsel bzw. ersetzt bei den darmlosen *Acoela* den Darm. Da es auch Zellen von embryonaler Natur enthält, ist es wichtig für die gerade bei den Turbellarien sehr große Regenerationsfähigkeit.

Manche *Rhabdocoela* haben am Kopf einen muskulösen Rüssel, andere Turbellarien gleichfalls mit Muskeln ver-

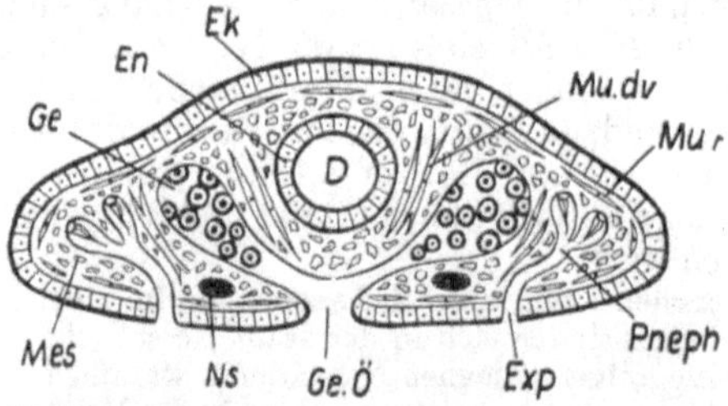

Abb. 1. Schematischer Querschnitt durch einen Plattwurm. Nach Kühn. — *D* Darmhöhle; *Ek* Ektoderm; *En* Entoderm; *Exp* Exkretionsporus; *Ge* Geschlechtszellen; *Ge.Ö* Geschlechtsöffnung; *Mes* Mesenchym; *Mu.dv* Dorsoventralmuskel; *Mu.r* Ringmuskeln; *Ns* Nervenstrang; *Pneph* Protonephridium.

sehene Saugnäpfe, z.B. *Polycotylus validus* aus dem Baikalsee eine ganze Reihe an den Körperseiten, ferner die *Cotylea* unter den Polycladen. Bei großen Formen bewirkt vorwiegend die Muskulatur die Bewegung, die auch durch Schlängelung des ganzen Körpers oder der Seitenränder bei den Polycladen erfolgt.

3. Sinnesorgane, Nervensystem

Sinneszellen befinden sich vor allem am Kopf. Als Tastorgane dienen Tentakel und Kopflappen, als Chemorezeptoren zum Aufspüren der Beute usw. grubenartig eingesenkte Epithelbezirke verschiedener Form (Wimpergruben und Rinnen) am vorderen Körperende. Statocysten als Gleichgewichtsorgane haben besonders marine Arten. Die meisten Strudelwürmer haben Augen. Sie sind unter dem Epithel liegende, aus einer oder vielen Sehzellen bestehende Pigmentbecherozellen (Abb. 2); die Sehzellen sind mit ihren das Licht aufnehmenden Stäbchensäumen dem Pigmentbecher zugewandt (invertiert). Die Zahl der Augen ist artlich von zwei bis zu Hunderten schwankend; *Planaria* hat stets zwei, *Polycelis* viele, am meisten die Polycladen. Sie ermöglichen nicht nur das

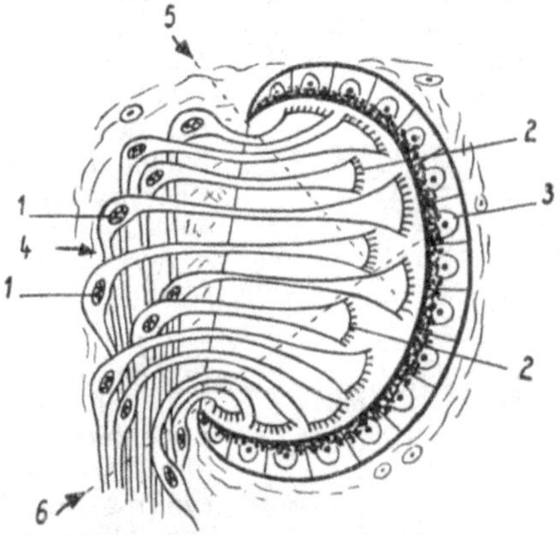

Abb. 2. Pigmentbecherozelle einer Planarie. Nach Wesenberg-Lund. — *1* Kerne der Sehzellen; *2* Stiftchensaum; *3* Pigmentzellen. Licht, das in der Richtung des Pfeiles *4* in das Auge fällt, trifft alle Stiftchensäume, Licht, das von *5* ausgeht, nur die unter der punktierten Linie, Licht von *6* nur oberhalb derselben.

Wahrnehmen von Helligkeitsunterschieden, sondern auch Richtungssehen. Viele Turbellarien sind deutlich negativ phototaktisch.

Am Nervensystem, das im Parenchym liegt, ist ein cerebraler Teil (Gehirn) und die von ihm ausgehenden, durch mehr oder weniger viele Querverbindungen (Kommissuren) zusammenhängenden Längsstämme zu unterscheiden. Ihre Zahl schwankt von ein bis drei Paaren, bei kriechenden Formen ist das ventrale am stärksten, meist kommt dazu noch ein laterales und dorsales Paar. Außerdem gehen vom Gehirn Nervenfasern nach vorn und zu den Sinnesorganen, und ist unter der Haut ein Nervennetz vorhanden.

4. Stoffwechselorgane

a) Ernährungssystem

Ein für die Turbellarien wichtiges Merkmal ist die große Mannigfaltigkeit in der Lage des Mundes, im Bau des Pharynx und in der Ausbildung des Darmes. Ersterer liegt auf der Ventralseite in der Mittellinie, vorn, in der Mitte oder hinten. Ein Schlund fehlt bei manchen *Acoela*, er ist bei den einfachst gebauten *Rhabdocoela* ein Pharynx simplex, d.h. eine röhrenförmige, durch Muskeln verstärkte Einsenkung. Meist aber findet sich ein Pharynx compositus, d.h. ein muskulöses, zapfenförmiges Organ (der eigentliche Pharynx) in einer Schlund- oder Pharyngealtasche; die Form des Pharynx ist verschieden und systematisch verwendbar. Eine sehr merkwürdige Erscheinung ist das Vorhandensein von mehreren Schlundköpfen bei manchen Tricladen, da sie biologisch zwecklos sein dürften. Der Ph. comp. ist ausstülpbar und für den Nahrungserwerb wichtig. Den *Acoela* fehlt der Darm, die Verdauung findet im Parenchym statt. Übergänge

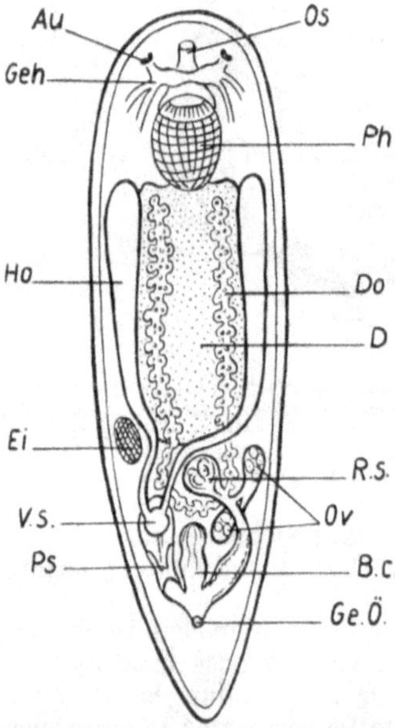

Abb. 3. Organisation eines rhabdocoelen Strudelwurms (Dalyella). Nach Wesenberg-Lund. — *Au* Auge; *B.c.* Bursa copulatrix; *D* Darm; *Do* Dotterstock; *Ei* Ei im Parenchym; *Geh* Gehirn; *Ge.Ö* Geschlechtsöffnung; *Ho* Hoden; *Os* Mund; *Ov* Ovarium; *Ph* Schlundkopf; *Ps* Penis; *R.s* Receptaculum seminis; *V.s* Vesicula seminalis.

zwischen *Acoela* und *Rhabdocoela* sind vorhanden; da es parasitierende Formen gibt, die in der Jugend freilebend sind, Pharynx und Darm haben, diese Organe aber als Parasiten verlieren, hat die Auffassung vieles für sich, in den *Acoela* nicht primitive, sondern rückgebildete Formen zu sehen. Der Darm der *Rhabdocoela* ist stabförmig (Abb. 3), bei den *Alloeocoela* mit seitlichen Ausbuchtungen, bei den *Tricladida* dreischenklig mit einem Ast vor dem Pharynx und zwei parallel verlaufenden hinter ihm. Zahlreiche Äste nach allen Seiten hat der Darm der *Polycladida;* die beiden letzten Ordnungen haben noch sekundäre Nebenäste. Diese reiche Verzweigung erleichtert die Verteilung der Nahrung im ganzen Körper. Ein After fehlt stets, unverdauliche Reste werden durch den Mund wieder entfernt. Bei einigen Polycladen, z.B. *Yungia*, können Nebenäste Öffnungen nach außen haben. Fast alle Turbellarien sind karnivor und sehr gefräßig, die Nahrung bilden Rädertiere, Schnecken, Würmer, Kleinkrebse, Laich, Aas usw., nur einzelne Formen der ersten 3 Ordnungen sind Algenfresser. Die Zahl der parasitierenden Strudelwürmer ist gering, ihre Existenz aber interessant, da die von den Strudelwürmern abstammenden Trematoden sämtlich Parasiten sind. Die Verdauung erfolgt im Darmlumen (extraplasmatisch) oder intrazellulär in den Darmzellen durch Phagozytose.

Manche Süßwasser-Planarien *(Tricladida paludicola)* können mit den Darmepithelzellen in Degeneration befindliche Gewebszellen von außen in den Darm aufnehmen und hier verarbeiten. Arten derselben Gruppe vermögen auch sehr lange, über ein Jahr, ohne Nahrung zu leben, wobei ihr Körper auf $^1/_{300}$ seines früheren Volumens abnimmt. Der Genitalapparat wird dabei ganz eingeschmolzen.

b) Exkretionssystem

Während besondere Atmungsorgane fehlen und die Respiration durch die Haut erfolgt und auch Blutgefäße nicht vorhanden sind, haben alle Turbellarien außer den *Acoela* Exkretionsorgane. Den Körper durchziehen zwei oder vier Längskanäle mit seitlichen Verzweigungen, die keine innere Öffnung haben, sondern geschlossen sind (Protonephridien). An den Verzweigungen sitzen Terminalorgane (Solenocyten), die bei den meisten Strudelwürmern den Wert einer Zelle mit einem Hohlraum haben, in dem sich ein Wimperbüschel befindet. In den Wänden der Kanäle sind Treibwimperflammen eingeschaltet, die einen Flüssigkeitsstrom erzeugen. Manchen Turbellarien fehlen die Terminalorgane. Sie galten früher als die eigentlichen Stellen der Exkretion, dienen aber der Osmoregulation (der Konstanterhaltung des inneren Druckes) und der Fortbewegung der Exkrete, die von Athrocyten aus dem Parenchym aufgenommen werden. Es sind Zellen mit drüsigem Bau, die oft die feinen Verästelungen der Protonephridien umgeben (Paranephrocyten). Die Hauptkanäle münden getrennt oder gemeinsam in eine Exkretionsblase auf der Bauchseite.

Die Endprodukte des Stoffwechsels werden bei den *Acoela* durch Vermittlung des Parenchyms aus dem Munde entleert. Auch die übrigen Strudelwürmer können bei Lebendfärbung basische Farbstoffe auf dem Wege über das Parenchym in den Darm ausscheiden.

5. Genitalsystem

Mit Ausnahme von zwei Arten *(Sabussowia dioeca* und *Cercyra teissieri)* sind alle Turbellarien Zwitter. Diese Tatsache, verbunden mit Einrichtungen zur Verhütung von Selbstbefruchtung, sowie die Bildung der Keimstoffe in getrennten Gonaden, und die Trennung der weiblichen in Keim- und Dotterstöcke bedingen eine sehr große und systematisch wichtige Mannigfaltigkeit. Bei den *Acoela* haben die Gonaden meist keine eigene Hülle, Samen- und Eileiter fehlen, die Eier gelangen durch Lücken im Parenchym zum Mund oder werden durch Platzen der Körperwand entleert, die Spermien aus einem weichen Penis.

Bei fast allen anderen Turbellarien haben die Gonaden eine eigene Hülle (Tunica propria) und sind epithelial ausgekleidete Leitungswege vorhanden. Die *Rhabdocoela* haben meist zwei kompakte Hoden, von denen Vasa deferentia getrennt oder sich verbindend zu einem Cirrus führen, der im Cirrusbeutel liegt und nach außen vorgestreckt werden kann. Dazu kommen Anhangsgebilde, wie Samenblasen, Körnerdrüsen, die ein feinkörniges Sekret dem Sperma beimengen, kutikulare Reizorgane am Cirrus bzw. Penis. Männliche und weibliche Organe münden entweder zusammen in ein Atrium genitale commune oder getrennt in ein A. masculinum und A. femininum. Der weibliche Geschlechtsapparat der *Rhabdocoela* zeigt in verschiedenen Zwischenstufen den Übergang von Ovarien, die mit dem zur Entwicklung nötigen Nahrungsdotter versehene (endolecithale) Eier liefern über Keimdotterstöcke (Germovitellarien), in denen Keimzellen ohne Dotter (ektolecithale Eier) und Dotterzellen entstehen und ein gemeinsamer Ausführungsgang vorhanden ist, bis zu getrennten Keimstöcken (Germarien) und Dotterstöcken (Vitellarien) mit getrennten Ausführungsgängen (Germidukte und Vitellodukte). Beide vereinigen sich zum weiblichen Genitalkanal, der gleichfalls verschiedene Anhangsorgane hat, so Schalendrüsen, deren Sekret die Eischale bilden hilft, ferner ein Receptaculum seminis zur Aufbewahrung des Samens, evtl. auch eine Bursa copulatrix zur Aufnahme des männliches Gliedes bei der Begattung. Einige Turbellarien aus der Gruppe der *Rhabdocoela* und *Tricladida* haben einen Ductus genitointestinalis, der den Darm mit dem weiblichen Geschlechtsgang verbindet und die überflüssigen Geschlechtsstoffe durch Resorption im Darm wieder der Ernährung dienstbar macht. Die Tricladen haben stets getrennte Keim- und Dotterstöcke, einen ausstülpbaren Penis und fast immer nur eine hinter dem Mund liegende Geschlechtsöffnung sowie verschiedene Anhangsorgane (Abb. 4). Die Polycladen haben Ovarien, die endolecithale Eier liefern, eine oder zwei Geschlechtsöffnungen und Schalen- oder Kittdrüsen zur Bildung des Laiches, einige Arten besitzen mehrere bis viele Penes, andere mehrere Vaginae. Hier wiederholt sich die bei der Polypharyngie erwähnte, physiologisch unverständliche Vermehrung einer Organanlage. Einige Polycladen haben einen vom Eiergang ausgehenden und sich nach außen öffnenden Ductus vaginalis.

Durch hochgradige Protandrie wird bei manchen Turbellarien, vor allem bei *Microstomum* und *Stenostomum*, eine scheinbare Getrenntgeschlechtlichkeit vorgetäuscht. Bei noch weiterer Rückbildung der männlichen Organe kommt es zur Parthenogenese. Die Spermien sind sehr verschieden gestaltet, bei manchen Arten bilden sich Spermatophoren. Die Begattung geschieht entweder durch hypodermale Injektion, indem der eine Partner mit seinem bewaffneten Kopulationsorgan an irgendeiner Stelle die Haut des anderen durchbohrt und sein Sperma einfließen läßt, oder durch echte wechselseitige Begattung in artlich verschiedener Stellung, bisweilen nach Liebesspielen. Selbstbefruchtung findet sich als Regel bei Frühjahrstieren von *Mesostoma ehrenbergi*.

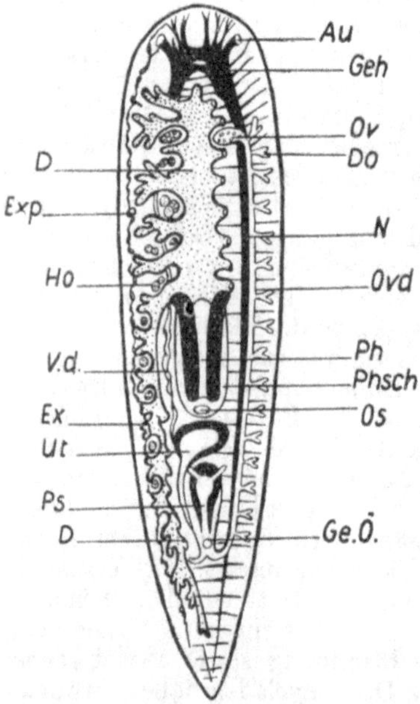

Abb. 4. Organisation eines dendrocoelen Strudelwurms. Nach Wesenberg-Lund. — *Au* Auge; *D* Darm; *Do* Dotterstock; *Ex* Exkretionskanal; *Exp* Exkretionsporus; *Geh* Gehirn; *Ge.Ö* Genitalporus im Atrium genitale; *Ho* Hoden; *N* Nervenstrang mit Kommissuren; *Ovd* Ovidukt; *Os* Mund; *Ph* Schlundkopf; *Phsch* Pharynxscheide; *Ps* Penis; *Ut* Uterus; *V.d.* Vas deferens.

Die große Regenerationsfähigkeit, besonders der Süßwasser-Planarien, ist seit langer Zeit bekannt. Bei *Euplanaria tigrina* waren noch Teilstücke von $^1/_{279}$ des Volumens regenerationsfähig, durch Zerschneidung der regenerierenden Teilstücke selbst bei $^1/_{1500}$. Bei manchen Arten, z.B. bei *Bipalium kewense*, kommt Autotomie und durch Regeneration ungeschlechtliche Vermehrung vor. Dieser Vorgang gibt eine Erklärung für die ungeschlechtliche Fortpflanzung mancher *Rhabdocoela (Catenulidae* und *Microstomidae)*, bei denen es durch sich mehrfach wiederholende Querteilung und Neubildung von Gehirn und Schlundkopf, ehe die Teilstücke sich lösen, zur Kettenbildung kommt. Bei einigen Formen der gleichen Ordnung, z.B. *Mesostoma*, kommen außer typischen hartschaligen, gegen ungünstige äußere Einflüsse widerstandsfähigen Dauer(Latenz)- oder Wintereiern im Sommer auch durch Selbstbefruchtung entstehende dünnschalige Subitan- oder Sommereier vom gleichen Tier zur Ablage. Sie sollen die Art möglichst schnell verbreiten, die Wintereier, die fremdbefruchtet sind, sie über ungünstige Zeiten erhalten.

Die Furchung der einfachen (endolecithalen) Eier, also vor allem der *Acoela* und *Polycladida*, ist total-inäqual und verläuft nach dem Spiraltypus; eine Urdarmhöhle wird nicht gebildet, nur ein Urmund. Die *Cotylea* unter den Polycladen entwickeln sich zur Müllerschen Larve mit einer starren Borste am Vorder- und Hinterende und acht lappenförmigen, mit Zilien versehenen Fortsätzen, die nach Verlust der Wimperlappen sich am Boden zum Wurm umwandelt. Die Larve von *Stylochus*, die Goettesche Larve, hat nur vier Wimperlappen und ähnelt der Pilidiumlarve der Schnurwürmer. Eine Besonderheit der aus zusammengesetzten (extralecithalen), in Kokons abgelegten Eiern der Tricladen entstehenden Embryonen ist die Bildung eines Embryonalpharynx, der Dotterzellen aufnimmt; eine Keimblätterbildung wie bei einer echten Gastrulation tritt nicht ein.

SYSTEM DER TURBELLARIA

1. Ordnung: *Acoela*

Darmlose, kleine, marine Turbellarien mit drei bis sechs Paar Längsnervenstämmen und einer Statocyste. — *Convoluta* und andere Gattungen.

2. Ordnung: *Rhabdocoela*

Darm meist einfach, stabförmig; im Meer, Süßwasser und feuchter Erde, einige als Parasiten lebend. *Catenula, Stenostomum, Macrostomum, Microstomum. Gyratrix* mit einem Stilett am männlichen Geschlechtsapparat als Angriffswaffe. — *Graffilla*, Parasit in Mollusken. — *Fecampia, Mesostoma, Dalyella.*

3. Ordnung: *Alloeocoela*

Darm meist mit seitlichen Divertikeln. Gleichfalls kleine Arten wie in der 2. Ordnung mit ähnlicher Lebensweise. — *Monocelis, Otomesostoma.*

4. Ordnung: *Tricladida*

Darm mit drei, meist verzweigten Schenkeln; mit zwei Ausnahmen Zwitter. Mittelgroße bis große Turbellarien. *Maricola:* marine und im Brackwasser lebende Arten. Hierher — *Procerodes lobata (Gunda segmentata)*. Bei dieser Art wiederholen sich auf beiden Körperseiten die Darmäste, die Geschlechtsdrüsen usw. in regelmäßiger Lage (Pseudometamerie).

Paludicola. Im Süßwasser, auch in Höhlen.

Planaria mit zwei, *Polycelis* mit vielen Augen. — *Dendrocoelum.*

Terricola. Auf oder in feuchter Erde, vorwiegend in den Tropen. — *Rhynchodemus, Geoplana, Bipalium* (*B. kewense* verschleppt in vielen Warmhäusern).

5. Ordnung: *Polycladida*

Meist große, marine Arten mit von einem Hauptdarm ausgehenden, zahlreichen verzweigten Darmästen.

Acotylea, ohne Saugnapf, z.B. *Stichopus.*

Cotylea, mit Saugnapf, z.B. *Thysanozoon, Yungia.*

6. Ordnung: *Temnocephala*

Ganz oder teilweise unbewimperte, mit einem Haftapparat am Körperende und Tentakeln am Kopf versehene, auf anderen Tieren (Süßwasser-Schildkröten, Krebsen und Schnecken) lebende Turbellarien. Meist in den Tropen, fast sämtlich Ektokommensalen. Sie stehen wahrscheinlich in naher Beziehung zu den *Rhabdocoela* und wurden vielfach als Übergangsformen zu den Trematodes aufgefaßt. *Temnocephala.*

Remane stellt auf Grund der Geschlechtsorgane 7 Ordnungen von Strudelwürmern auf.

2. Klasse: SAUGWÜRMER (*Trematodes*)

Die Trematoden sind sämtlich Parasiten mit meist dorsoventral abgeflachtem Körper, der fast stets mit Saugnäpfen versehen ist. Haut mit Kutikula, Nervensystem mit drei Längsnervenpaaren. Darm meist gabelig gespalten, oft auch sehr verästelt. Geschlechtsapparat fast stets zwittrig. Entwicklung entweder direkt mit Metamorphose (*Monogena*) oder indirekt mit Generations- und Wirtswechsel (*Digena*).

Die Größe der Saugwürmer schwankt von 0,5 bis 30 mm bei den *Monogena* bis zu 50 bis 80 mm bei den *Digena*. Die größte Art (*Nematobothrium filarina*, etwa 1 m lang) lebt in der Kiemenhöhle von *Sciaena*. Der Körper der Trematoden ist meist länger als breit, abgeflacht, dorsal mehr gewölbt als ventral; bei den *Monogena* ist das Hinterende an den Haftorganen sofort kenntlich, bei den *Digena* diese Unterscheidung nicht so einfach. Getrenntgeschlechtliche Formen haben weitgehenden Geschlechtsdimorphismus, z. B. *Schistosomatidae* und *Wedlia*.

1. Haut und ihre Gebilde

Saug- und Bandwürmer haben als ein gemeinsames wichtiges Merkmal keine Zilien, sondern eine Kutikula, die bei den *Digena* stärker als bei den *Monogena* ist und einer vom Parenchym gebildeten Basalmembran aufliegt. Die Epithelzellen, die die Kutikula liefern, sind in die Tiefe unter die Basalmembran gesunken (versenktes Epithel) und stehen nur durch Plasmafortsätze mit ihr in Verbindung; Ektodermale Hautdrüsen finden sich vor allem am Vorderende; sie mögen als Klebdrüsen dienen und vielleicht auch die Haut des Wirtes reizen, um die Ernährung des Parasiten zu erleichtern. Auch Rhabditen kommen bei einigen Arten vor. Hautstacheln und Schuppen haben manche *Digena*, feine Borsten in Blutgefäßen lebende Trematoden. Es ist verständlich, daß bei den vorwiegend ektoparasitisch lebenden *Monogena* die Haftapparate mannigfaltiger und entwickelter sind als bei den endoparasitisch lebenden *Digena*. Erstere haben in der Regel eine endständige Haftscheibe (z. B. *Gyrodactylus*) oder einen oder mehrere in Gruppen stehende Saugnäpfe mit Häkchen (z. B. *Polystomum*) oder Saugklappen mit Chitingerüst. Um den Mund haben sie selten einen Saugnapf, aber meist zwei vordere Haftorgane. Die *Digena* besitzen meist einen kleinen Mundsaugnapf und einen größeren in der Mittellinie liegenden Bauch- oder Endsaugnapf, doch kann einer oder beide *(Sanguinicola)* fehlen. Chitinhäkchen werden bei ihnen nicht gefunden. Die Aspidogastriden haben statt des endständigen Bauchsaugnapfes eine aus zahlreichen Sauggruben zusammengesetzte große ventrale Haftfläche.

2. Muskulatur

Der Hautmuskelschlauch entspricht dem der Turbellarien; wie bei ihnen finden sich auch zu den Parenchymmuskeln gehörige Dorsoventralfasern und Organmuskeln, z. B. am Pharynx und Penis.

3. Sinnesorgane und Nervensystem

Sinnesorgane sind der parasitischen Lebensweise entsprechend nur spärlich entwickelt; Tastkörperchen und bei den *Monogena* auch Augen, meist in zwei Paaren, sind bekannt. Sie liegen im Gehirn und sind wie die Augen der Strudelwürmer gebaut. Bei den *Digena* haben nur manche der noch zu besprechenden Larvenformen Augen.

Das Nervensystem besteht aus zwei, durch eine Kommissur verbundenen Ganglienknoten, die das Gehirn bilden, und drei Paar Längsnerven, die durch Kommissuren in Verbindung stehen und von denen das ventrale am stärksten ist. Dazu kommen noch vom Gehirn und von den Nervensträngen ausgehende Ästchen.

4. Stoffwechselorgane

a) Ernährungssystem

Die am oder hinter dem Vorderende befindliche, bei den *Digena* fast immer von dem vorderen Saugnapf umgebende Mundöffnung führt in einen muskulösen Pharynx und einen Oesophagus. Speicheldrüsen finden sich bei vielen Trematoden, vor allem bei Bluttrematoden; Pharynx und Mundsaugnapf können aber auch fehlen, z.B. bei den im Blut von Fischen lebenden *Sanguinicolidae*. Der Darm besteht in der Regel aus zwei Schenkeln, die verzweigt sein können, besonders bei den *Monogena*, wo auch Querverbindungen vorkommen (z.B. *Polystomum*), und sich bisweilen auch hinten wieder vereinigen. Die *Aspidogastridae* haben einen einfachen Darm, der eine gewisse Ähnlichkeit mit dem der *Rhabdocoela* hat. Bei einigen Arten mündet der Darm in die Exkretionsblase, bei *Opecoelus* ausnahmsweise direkt nach außen. Die Saugwürmer nehmen mit ihrem Mundsaugnapf und Schlundkopf Blut und Körpersäfte ihrer Wirte auf, ihre Verdauung ist vorwiegend intrazellulär.

b) Exkretionssystem

Es besteht bei den *Monogena* in der Regel aus zwei Hauptstämmen, die am Vorderteil beginnend an den Körperseiten nach hinten ziehen, dort umbiegen und am Vorderende neben dem Beginn der Darmschenkel mit je einer Exkretionsblase in zwei dorsal liegenden Exkretionsporen enden. Bei den *Digena* ist dagegen die einzige Exkretionsblase endständig, meist dorsal, doch ist dieses Verhalten offenbar nicht primär, da ihre Larven zwei Exkretionsporen haben. Die Exkretionsgefäße verlaufen bei den *Digena* ventral von hinten nach vorn, biegen dort um und kehren zum Hinterende zurück. Bei ihnen können sich auch die Hauptäste teilen und Anastomosen bilden sowie an Zahl vermehren. Ihrem Bau nach sind die Exkretionsgefäße wie bei den Strudelwürmern Protonephridien, d.h. geschlossene Röhren mit Terminalorganen in Form von Wimperzellen. Über die Funktion s. S. 16. Die plasmatische Wandung der Exkretionsstämme, in der feine Sekrettröpfchen sichtbar sind, scheint bei den Trematoden die eigentliche Exkretion zu besorgen.

Bei einigen Formen finden sich jederseits zwei oder drei dem Darm dicht anliegende und sich verzweigende Kanäle, die kontraktil sind und als Lymphgefäße aufgefaßt werden. Blutgefäße und Atmungsorgane fehlen wie bei den Turbellarien.

5. Geschlechtsapparat

Auch bei den Trematoden ist der Genitalapparat sehr kompliziert gebaut und weist in den beiden Ordnungen und ebenso in den einzelnen Familien und Gattungen so große Unterschiede auf, daß nur die Hauptformen besprochen werden können.

Alle *Monogena* sind Zwitter, unter den *Digena* sind die in der Blutbahn lebenden *Schistosomatidae* und die in marinen Fischen encystierten Didymozoen getrenntgeschlechtlich. Gemeinsam ist beiden Ordnungen die Lage des Geschlechtsapparates zwischen beiden Darmschenkeln; nur die Dotterstöcke liegen außerhalb jener, ferner das Vorhandensein von Hoden mit Vasa deferentia, und fast stets eines Kopulationsorgans. Eine Ausnahme ist z.B. *Udonella* ohne Penis mit wahrscheinlicher Selbstbefruchtung. Von weiblichen Organen finden sich in beiden Ordnungen Ovarien und Vitellarien, Eileiter, Ootyp und Uterus. Fast stets ist ein gemeinsames Genitalatrium vorhanden. Als Beispiel für einen Vertreter der *Monogena* seien unter Hinweis auf andere Saugwürmer dieser Ordnung die Geschlechtsorgane von *Polystomum orbiculare* besprochen. Der Hoden setzt sich in ein Vas deferens fort, in das vor dem Eintritt in das männliche Kopulationsorgan eine Samenblase (Vesicula seminalis externa) eingeschaltet ist. Jenes ist nicht wie bei den *Digena* ein in einen Cirrusbeutel eingeschlossener, ausstülpbarer Cirrus, sondern ein kontraktiler Penis, bei P. orb. und vielen *Monogena* mit Chitingebilden. Neben der Samenblase können noch Prostatadrüsen vorhanden sein. Die beiden Dottergänge der Dotterstöcke und der Ausführungsgang der eigentlichen Keimdrüse (Germarium) treffen sich in der Ootyp (sog. Schalendrüse), die von zahlreichen einzelligen (Mehlisschen) Drüsen umgeben ist. Die Ootyp, in der sich Eizellen, Dotterzellen und Spermien treffen, ist der Bildungsort der Eier nach der hier erfolgten Befruchtung. Vom Ootyp führt der meist kurze Uterus, der nur wenige große Eier enthält, in das Genitalatrium, das meist auf der Höhe der Darmgabelung gelegen ist. *Polystomum orbiculare* besitzt eine doppelte, vom queren Dottergang abgehende Vagina (Ductus vaginalis), die seitlich mündet. Andere *Monogena* haben nur eine oder eine geschlossene Vagina, die Lage ihrer Mündung kann gleichfalls verschieden sein. Die Öffnungen für die Begattung und Eiablage sind also getrennt. Außerdem ist — wie bei manchen Strudelwürmern — bei der oben genannten Art und ihren Verwandten eine Verbindung zwischen Ovidukt und dem rechten Darmschenkel (selten links) durch den Ductus genitointestinalis vorhanden, dessen Funktion schon bei ben Turbellarien erwähnt wurde.

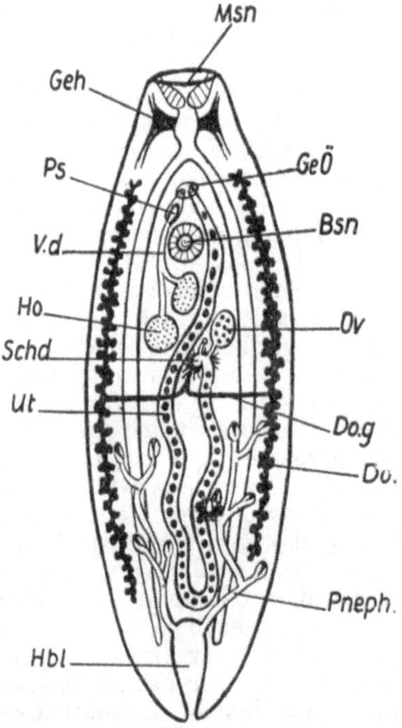

Abb. 5. Organisation eines Dicrocoelium lanceatum, schematisch. Nach Kühn. — *Bsn* Bauchsaugnapf; *Do.g* Dottergang; *Do* Dotterstock; *Geh* Gehirn; *Ge.Ö* Geschlechtsöffnung; *Hbl* Harnblase; *Ho* Hoden; *Msn* Mundsaugnapf; *Ov* Ovarium; *Ps* Penis; *Pneph* Protonephridium; *Schd* Schalendrüse; *Ut* Uterus; *V.d.* Vas deferens.

Bei *Dicrocoelium lanceatum* (Abb. 5) als Beispiel eines digenen Saugwurms findet sich ein Cirrusbeutel mit Cirrus, Samenblase und Prostata. Der Cirrus ist bei den meisten *D.* unbewaffnet und kann sogar fehlen, so bei *Wedlia,* wo das Vas deferens direkt nach außen führt. Der Uterus ist für die Aufnahme der sehr zahlreichen, kleinen Eier meist sehr lang, sein besonders differenzierter Endteil, das Metraterm, mündet in das gemeinsame Atrium genitale. Durch seine Ausstattung mit Muskeln und chitinösen Gebilden beweist es seine Funktion als Vagina. Das Atr. gen. kann bei den *Digena* eine sehr verschiedene Lage und Ausbildung haben, z. B. als Saugnapf; bei *Metagonimus* verschiebt sich der Bauchsaugnapf in das Atrium und wird so zum Genitalsaugnapf. Eine Besonderheit vieler *Digena* ist der zwischen Keimstock und Ootyp entspringende und dorsal ausmündende Laurersche Kanal, der meist mit einer Samenblase verbunden ist. Seine Funktion scheint die Entfernung überschüssiger Geschlechtsstoffe zu sein, er ist wohl homolog der Vagina der *Monogena* und *Cestoda.* Bei den Trematoden ist zwar wechselseitige Begattung der häufigste Modus, es kommt aber auch Selbstbegattung und in einigen Fällen, in denen ein männliches Geschlechtsglied fehlt, Selbstbefruchtung vor.

Die Entwicklung der *Monogena* ist kaum bekannt, sie scheint direkt zu sein und die Larve sich ohne wesentliche Metamorphose in den jungen Trematoden umzuwandeln. Die Eischale der Strudel- und Saugwürmer wird von Schalensubstanztröpfchen der Dotterzellen unter Mitwirkung des Sekrets der Schalendrüse gebildet. Bei den *Digena* beginnt die Embryonalentwicklung oft schon im Uterus, die Furchung ist unregelmäßig und total und führt zu einem morulaähnlichen Zellhaufen, in dem sich ohne Keimblätterbildung Organe differenzieren. Nur die *Aspidogastridae* unter den *Digena* haben direkte Entwicklung, sonst besteht Generationswechsel mit mehreren Generationen, so daß aus einem befruchteten Ei eine große Zahl Individuen hervorgehen kann, um den bei dem komplizierten Lebensverlauf der digenetischen Saugwürmer unvermeidlichen großen Verlust zu ersetzen und die Art zu erhalten (Abb. 6).

Aus dem Ei entsteht eine winzig kleine Wimperlarve, das Miracidium, das infolge seiner meist frei beweglichen Lebensweise im Wasser ein Gehirnganglion, ein aus Pigmentbecher-Ocellen bestehendes Auge, Sinnespapillen,

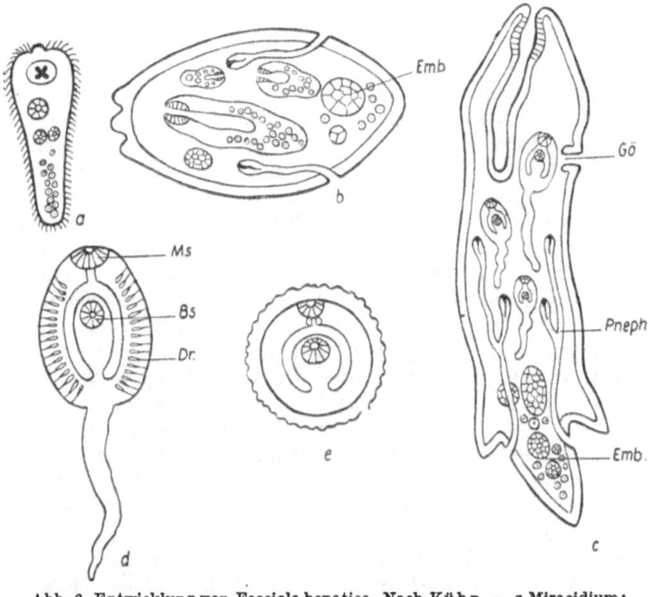

Abb. 6. Entwicklung von Fasciola hepatica. Nach Kühn. — *a* Miracidium; *b* Sporocyste mit Redien; *c* Redie; *d* Cercarie; *e* Agamodistomum; *Bsn* Bauchsaugnapf; *Dr* Drüsen; *Emb* Embryonen; *Gö* Geburtsöffnung; *Pneph* Protonephridium; *Msn* Mundsaugnapf.

Muskeln, oft einen Bohrstachel und Protonephridien besitzt. In einigen Fällen, in denen der erste Wirt eine Landschnecke ist, wird das Ei mit der in ihm enthaltenen Larve von jener mit der Nahrung aufgenommen, sonst dringt das Miracidium aktiv in ihn ein. Der erste Wirt (Ernährungs- und Vermehrungswirt) scheint immer ein Weichtier, meist eine Schnecke zu sein. Das Miracidium verwandelt sich in einer regressiven Metamorphose in die zweite Larvenform, die Sporocyste (Keimschlauch), die sich im Darm, der Mitteldarmdrüse oder der Gonade ihrer Wirte aufhält und durch Osmose ernährt. Das Wimperkleid und alle Organe des Miracidiums außer den Protonephridien bilden sich zurück. Aus den schon in ihm vorhandenen und in der Sporocyste sich bildenden Keimzellen entstehen durch Parthenogenese in der als Heterogonie bezeichneten Form des Generationswechsels als nächste Larvenform die Redien mit höherer Organisation, da sie hinten oft zwei lappenförmige Fortsätze und einen einfachen sackförmigen Darm besitzen. Aus ihren Keimzellen bilden sich entweder Tochterredien oder meist Cercarien (Schwanzlarven). Viele Redien haben am Vorderende eine Öffnung zum Austritt der sich gleichfalls parthenogenetisch entwickelnden Cercarien. Ihr Körper ist meist oval mit einem Ruderschwanz am Hinterende; er hat zwei Saugnäpfe, einen gabeligen Darm, Exkretionsorgane, bisweilen Augen und Drüsen (Cystogendrüsen), deren Sekret für die noch zu besprechende Cystenbildung wichtig ist. Die Cercarien verlassen ihren Wirt und erreichen mit Hilfe ihrer Schwanzanhänge, die je nach der Lebensweise der einzelnen Arten in verschiedener Weise gestaltet sind, zumeist in aktiver Bewegung schwimmend oder kriechend einen zweiten Wirt (Transportwirt), in dem sie sich nach Abwerfen des Schwanzanhanges mit Hilfe des Sekretes ihrer Drüsen encystieren und in das Metacercarium oder Agamodistomum, also in eine junge Trematode mit erst angelegten Gonaden umwandeln. Die Zeit der freien Bewegung ist nur kurz. Obwohl man an gewissen Merkmalen die Zugehörigkeit der Cercarien zu einer bestimmten Gruppe erkennen kann, ist von den etwa 2000 Arten Saugwürmern die Entwicklung kaum von 100 genau bekannt. Starker Befall mit Trematodenlarven kann zur Kastration, zum Riesenwuchs und auch zum Absterben der betreffenden Schnecken führen. Der zweite Wirt ist entweder auch ein Weichtier oder ein Insekt,

Wurm, Fisch usw. Mit ihm kommt das Metacercarium passiv als Beute des Endwirtes, der fast stets ein Wirbeltier ist, in diesen. Der zweite Zwischenwirt kann fehlen, wenn die Cercarien den ersten Wirt nicht verlassen (z. B. *Urogonimus*) oder wenn sie sich frei an Pflanzen, Früchten usw. ecnystieren (z. B. *Fasciola*) oder aktiv in den Endwirt eindringen (z. B. *Schistosoma*). Abweichungen von dem Verlauf der hier geschilderten Entwicklung durch Einschaltung mehrerer Generationen von Redien oder durch Vereinfachung kommen vor. Wesentlich ist für alle Trematoden die Entstehung zahlreicher Larven aus einem Ei.

System der *Trematodes*

1. Ordnung: *Monogena*

Meist Ektoparasiten mit starken Haftorganen, zwei dorsal und vorn gelegenen Exkretionsporen, einer oder zwei Paarungsöffnungen und einer zum Ablegen der Eier, Uterus kurz, Entwicklung direkt.

Gyrodactylus, an Fischkiemen. — *Polystomum integerrimum*, in der Harnblase von Fröschen. Aus den ins Wasser gelangenden Eiern schlüpfen Larven, die durch das Atemloch in die Kiemenhöhle von Kaulquappen einwandern und bei deren Verwandlung in den Frosch durch den Darm in die Harnblase wandern, wo sie geschlechtsreif werden. — *Diplozoon paradoxum*, auf den Kiemen von Cypriniden geschlechtsreif werdend, nachdem sich zwei Einzeltiere (Diporpa) durch wechselseitige Verwachsung von Bauchsaugnapf und Rückenzapfen für immer verbunden haben.

2. Ordnung: *Digena*

Endoparasiten mit einer Exkretionsöffnung, langem Uterus; Entwicklung mit mehrmaligem Wirts- und Generationswechsel. — *Distomum macrostomum (Urogonimus m.)*. Die Sporocyste, als *Leucochloridium paradoxum* bekannt, ist verzweigt und findet sich in der Bernsteinschnecke *(Succinea putris)*, in deren Fühler sie keulenförmige, bunte und sich rhythmisch bewegende Fortsätze treibt, die schwanzlose Cercarien enthalten. Letztere gelangen passiv in den Endwirt (Singvogel), wenn die Fühler abgepickt werden. — *Fasciola hepatica*. Großer Leberegel. Volkswirtschaftlich als Erreger der Leberegelseuche sehr wichtig. Zwischenwirt ist die Wasserschnecke *Galba trun-*

catula. Die in ihr aus Sporocysten und Redien erzeugten Cercarien enzystieren sich nach Verlassen der Schnecke an Pflanzenteilen und gelangen mit dem Futter in den Darm und die Leber der Endwirte, meist Schafe und Rinder. Gelegentlich auch im Menschen. — *Fasciolopsis buski.* Zwischenwirte sind mehrere Planorbiden; Cercarien an den Früchten der Wassernuß *(Trapa)*, durch deren Genuß sie in den Darm des Menschen gelangen. Ostasien. — *Dicrocoelium lanceatum.* Kleiner Leberegel. In Schafen und Rindern. Mit deren Kot gelangen die Eier mit entwickelten Miracidien auf Pflanzen, werden von Landschnecken *(Zebrina detrita, Helicella ericetorum, H. candidula* u.a.*)* mit der Nahrung aufgenommen, entwickeln sich in ihnen zu Cercarien, die als Sammelcysten durch das Atemloch ausgestoßen werden, an Pflanzen haften und mit diesen in den Endwirt kommen.[1]) — *Opisthorchis felineus.* Bei Raubtieren und beim Menschen in der Leber, erster Zwischenwirt die Schnecke Bithynia, zweiter Zwischenwirt ein Fisch.

Paragonimus ringeri, Lungenwurm Ostasiens. Zwischenwirt ist die Schnecke *Semisulcospira libertina*, Cercarien passiv beweglich und durch Schleim an Krabben und Krebsen haftend, in denen sie sich enzystieren. Durch ihren Genuß Übertragung auf den Menschen.

Schistosoma (Bilharzia). Langgestreckte, getrenntgeschlechtliche Saugwürmer, bei denen das größere und breitere Männchen das kleinere schlanke Weibchen in den ventralwärts eingeschlagenen Seitenrändern *(Canalis gynaecophorus)* trägt. Die Geschlechtsreife des Weibchens scheint durch Hormone des Männchens beeinflußt zu werden. Mehrere als Krankheitserreger des Menschen sehr wichtige Arten, sämtlich Blutparasiten, die von Erythrocyten leben. — *Bilharzia haematobia.* Mit dem Kot und Urin des Kranken gelangen die Eier ins Wasser; Zwischenwirte sind verschiedene Arten von Wasserschnecken *(Isidora, Physopsis).* Die in ihnen entstehenden, frei beweglichen Cercarien wandern aktiv bei Berührung mit verseuchtem Wasser oder passiv mit Trinkwasser in den Menschen ein. — *Bilharzia japonica.* Zwischenwirte sind Arten der Schneckengattung *Oncomelania*, Einwanderung durch die Haut beim Arbeiten in bewässerten Reisfeldern. — *Trichobilharzia ocellata.* Europa. Zwischenwirt ist die Schnecke *Lymnaea stagnalis*, Endwirte sind Entenvögel. Die Cercarien wandern nicht selten beim Baden in die

[1]) Nach neueren Forschungen sind Ameisen die 2. Zwischenwirte.

Haut des Menschen ein und erregen eine Hautentzündung, kommen aber in ihm als falschem Wirt nicht zur Geschlechtsreife.

3. Klasse:

BANDWÜRMER *(Cestoidea)*

Darmlose endoparasitische Plattwürmer, fast stets im geschlechtsreifen Zustand im Darm von Wirbeltieren. Körperhaut ohne Cilien mit Kutikula. Körper aus einem Scolex (Kopf) mit Haftorganen, einer Wachstumszone (Hals) und der gegliederten Strobila (Kette) bestehend. Nur selten wird der Körper von einem Glied gebildet. Jedes enthält einen, selten zwei zwittrige Geschlechtsapparate. Fast alle Cestoidea sind Zwitter. Schon im Uterus entwickeln sich die Eier zu einer meist sechshakigen Larve. Die Larven gelangen passiv mit der Nahrung in einen oder zwei Zwischenwirte, mit diesen in den Endwirt und werden in ihm geschlechtsreif. Etwa 1500 Arten.

I. Unterklasse: *Cestodaria*

Endoparasiten mit ungegliedertem Körper und nur einem Genitalapparat in der Leibeshöhle oder im Darm von Fischen. Der Embryo hat am Hinterende ein Ring von 10 Häkchen (Lycophora).

1. Ordnung: *Amphilinidea*

Körper platt oder bandförmig mit einem Rüssel, neben ihm die Öffnung des Uterus, am Hinterende männliche und weibliche Geschlechtsöffnung und Exkretionsporus. Hoden vor dem Keimstock. Sie leben in der Leibeshöhle von Fischen, und zwar vorwiegend von Ganoiden, und sind wohl als geschlechtsreif gewordene Larven aufzufassen.

Amphilina, in *Accipenser*-Arten.

2. Ordnung: *Gyrocotylidea*

Am Vorderende des blatt- oder zungenförmigen Körpers ein Trichter, am Hinterende ein Haftapparat. Geschlechtsöffnungen und Uterusöffnung am Hinterende, Exkretionssystem mit zwei Poren, Hoden hinter dem Keimstock. Im Darm von Chimären.

II. Unterklasse: *Cestoda*. (Eucestoda)

Der meist bandförmige, 1 mm bis 12 m lange, fast stets aus vielen Gliedern (Proglottiden) bestehende Körper enthält entsprechend der Gliederzahl zahlreiche Geschlechtsapparate (Ausnahme *Caryophyllaeidae*). Hinter dem Kopf (Scolex) eine als Hals bezeichnete Wachstumszone, die die Gliederkette (Strobila) entstehen läßt. Die Hoden liegen meist dorsal, die Eierstöcke und das weitere Paar der jederseits paarigen Exkretionsorgane ventral.

Der Kopf ist durch Haftorgane gekennzeichnet, die von verschiedenem Bau sein können und als Bothrien, Bothridien und Acetabula bezeichnet werden. Erstere sind einfache, dorsale und ventrale Sauggruben des Scolex, in der Zahl zwei oder vier, ohne vom Kopfparenchym scharf abgesetzte Muskeln. Die Bothridien, stets vier, sind flache, längsovale Haftorgane mit eigener Muskulatur und können auch gestielt sein. Die Acetabula (Saugnäpfe), ebenfalls in der Vierzahl, sind kugelig, in das Kopfparenchym eingesenkt und besonders muskulös. Haken können an den ersten beiden Arten von Haftorganen vorhanden sein. Die *Cyclophyllidea* besitzen am Vorderende einen mit Haken versehenen Muskelzapfen (Rostellum). Die *Tetrarhynchidea* haben vier hohle Rüssel am Vorderrand, die mit Haken besetzt und in eine Scheide retraktil sind. Der Hals ist der noch ungegliederte, vordere Teil der Strobila, er kann Haftorgane besitzen, die den Pseudoscolex bilden. Die Glieder sind nahe der Wachstumszone immer breiter als lang, werden aber nach hinten meist länger als breit. In der Regel lösen sie sich erst ab, wenn sie reif sind, d.h. der Uterus mit Eiern gefüllt ist. In anderen Fällen bleiben sie am Körper oder lösen sich schon vor der Reife ab.

1. Haut und Muskulatur

Die Haut hat wie bei den Trematoden eine Kutikula, die die Haftorgane bildet. Hautdrüsen finden sich am Scheitel des Scolex. Auch die Muskulatur gleicht der anderer Plattwürmer, nur haben die *Cestoda* besonders kräftige Parenchymmuskeln mit Transversal- und Längsmuskeln. Das Parenchym hat wabenartige Beschaffenheit und dient auch als Speicherorgan für Glykogen. Besonders in der Peripherie liegen Kalkkörperchen mit unbekannter Funktion.

2. Exkretionssystem

Es beginnt mit Terminalorganen, die einer Zelle entsprechen, läuft zuerst dorsal von hinten nach vorn und dann umbiegend ventral von vorn nach hinten. Der Exkretionsporus befindet sich im letzten Glied, nach dessen Verlust entstehen in den jeweils letzten meist zwei Pori; auch quere Verbindungen kommen vor.

3. Nervensystem

Es wird von einer im Scolex liegenden Ganglienmasse und mehreren Längsnervensträngen, meist zehn, gebildet, von denen die lateral der Exkretionsgefäße liegenden die stärksten sind. In jeder Proglottis befindet sich häufig eine Ringkommissur. Feinere Nerven gehen von den Hauptstämmen zu den Muskeln und zur Haut, in der sich zahlreiche spindelförmige Sinneszellen befinden, und zu den Genitalien. Atmungsorgane, Blutgefäße und Darm fehlen völlig. Die Aufnahme der Nährstoffe erfolgt durch die Haut, ihre Speicherung als Glykogen.

4. Geschlechtsorgane

Mit Ausnahme von *Dioicocestus*, bei dem auch Intersexe auftreten, sind alle Cestoden Zwitter, wie die Trematoden auch fast sämtlich protandrisch. In der Regel ist der vordere Teil der Strobila männlich, der mittlere zwittrig, der hintere weiblich. In einigen Fällen, z.B. bei *Dipylidium caninum*, enthält jede Proglottis einen doppelten Geschlechtsapparat. Cirrus und Vagina münden stets in ein gemeinsames Geschlechtsatrium, das meist lateral, regelmäßig oder unregelmäßig abwechselnd liegt. Der Uterus öffnet sich meist ventral (Abb. 7).

Von den mehr oder weniger zahlreichen, meist dorsal und vor dem Eierstock liegenden Hodenbläschen gehen Vasa efferentia und nach ihrer Vereinigung ein Vas deferens ab, das vor dem Cirrusbeutel meist zu einer Vesicula seminalis

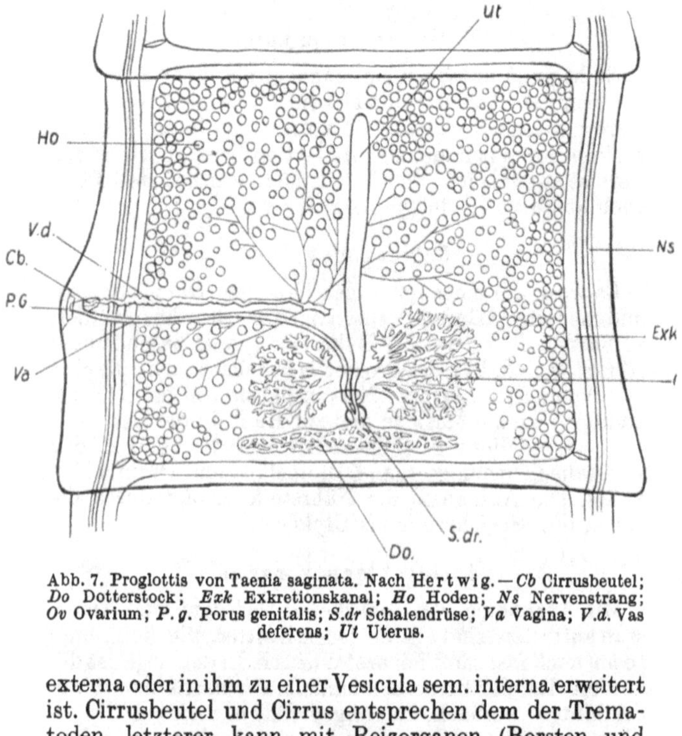

Abb. 7. Proglottis von Taenia saginata. Nach Hertwig. — *Cb* Cirrusbeutel; *Do* Dotterstock; *Exk* Exkretionskanal; *Ho* Hoden; *Ns* Nervenstrang; *Ov* Ovarium; *P. g.* Porus genitalis; *S.dr* Schalendrüse; *Va* Vagina; *V.d.* Vas deferens; *Ut* Uterus.

externa oder in ihm zu einer Vesicula sem. interna erweitert ist. Cirrusbeutel und Cirrus entsprechen dem der Trematoden, letzterer kann mit Reizorganen (Borsten und Stacheln) bewaffnet sein. Größer ist die Mannigfaltigkeit in der Lage der weiblichen Geschlechtsorgane. Der Keimstock liegt meist ventral. Mit einem muskulösen Apparat zum Schlucken der Eier (Ovicapt) beginnt der Ovidukt, der zusammen mit dem Hauptdottergang der unpaarigen oder paarigen Dotterdrüsen in die Schalendrüse mündet. Vorher geht aus dem Ovidukt die meist mit einer Anschwellung (Receptaculum seminis) beginnende Vagina in das Genitalatrium. Von der Schalendrüse nimmt der sehr ausgedehnte Uterus seinen Anfang. Er kann ebenso wie die Vagina bei manchen Formen ohne Öffnung sein. In diesem Fall müssen die Eier durch Platzen der Körperwand oder Verwesen der Glieder frei werden. Am häufigsten dürfte Selbstbefruchtung der einzelnen Glieder sein, ferner kommen Wechselbefruchtung verschiedener Proglottiden eines Tieres oder mehrerer Tiere vor. Beim Fehlen einer Vaginalöffnung dringt der Cirrus bei der Kopula in die Haut ein.

Die Eier der *Cestoda* sind ektolecithal, bei einigen, wie bei Strudel- und Saugwürmern, mit einer dunkelbraunen Schale versehen. Die Entwicklung verläuft meist schon im Uterus. Die Teilung ist total, Keimblätter werden nicht gebildet, ein Teil der Blastomeren erzeugt eine Hülle um den Embryo.

Im Gegensatz zu den Trematoden gelangen die *Cestoda* stets passiv mit der Nahrung in ihren Wirt. Nie leben die Larven im Darm, sondern dringen aus ihm in andere Organe ein, während die geschlechtsreifen Tiere im Gegensatz zu den Trematoden sich fast immer im Darm aufhalten. Der als geschlechtsreife Larve aufzufassende Bandwurm *Archigetes* findet sich normalerweise in der Leibeshöhle der Würmer *Tubifex* und *Limnodrilus*.

Das erste Larvenstadium ist die sechshakige Oncosphaera, bei den *Pseudophyllidea* ist sie von einer bewimperten Zellage umhüllt und heißt Coracidium. Aus der Oncosphaera gehen zwei weitere Larvenstadien in zwei Zwischenwirten hervor, zunächst das Procercoid mit einem meist mit sechs Haken versehenen Schwanzanhang in der Leibeshöhle kleiner Krebse und dann nach passiver Übertragung in einen Fisch das mit zwei länglichen Sauggruben ausgestattete Plerocercoid, das nach abermaliger passiver Übertragung in den Endwirt sich ohne einen Teil seines Larvenkörpers abzuwerfen in die Strobila umbildet.

Ein solcher Entwicklungsgang findet sich in verschiedenen ursprünglichen Gruppen der *Cestoda*.

Die *Cyclophyllidea* haben stets nur einen Zwischenwirt, ihre Larvenformen sind recht verschieden, auch Plerocercoide kommen vor. Plerocercus ist die Bezeichnung einer Larve mit stark verdicktem, aber kompaktem Hinterende, in das der Scolex zurückgezogen werden kann; Cysticercoid heißt eine Larve mit kugeligem Hinterteil, gleichfalls in dieses zurückziehbarem Kopf und meist einem häkchentragenden Schwanzanhang; Cysticercus (Finne) ist eine Larve, die aus einer mit Flüssigkeit gefüllten Blase besteht, in der sich erst aus einem eingestülpten Kopfzapfen der Scolex entwickelt (Abb. 8). Alle diese Larven werfen im Gegensatz zu den im vorigen Absatz beschriebenen im Endwirt Blase und Schwanz ab, und aus dem Scolex entsteht mit dem Hals die Wachstumszone. Während bei den Trematoden der zweite Wirt meist ein Transportwirt ist, in dem kein Wachstum der Larve stattfindet, sind bei den *Cestoda* die Zwischenwirte stets nur Transportwirte. Durch ungeschlechtliche Vermehrung in Form von innerer und äußerer Knospung, besonders bei Cysticercen, kann die Entwicklung kompliziert werden, und es kommt zu der als Metagenese bezeichneten Form des Generationswechsels. Durch die große Anzahl von Geschlechtsorganen und die riesige Menge von Eiern wird bei den Bandwürmern die für Parasiten nötige Zahl von Nachkommen erzeugt.

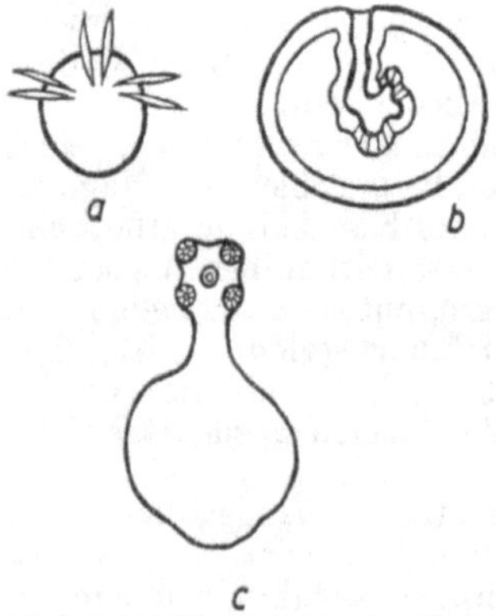

Abb. 8. Entwicklung von Taenia solium. Nach Kühn. — *a* Hakenlarve; *b* Finne (Cysticercus); *c* Finne mit ausgestülptem Scolex.

1. Ordnung: *Tetraphyllidea*

Scolex mit vier sehr großen und gestielten Bothridien, Geschlechtsatrium stets seitlich, Entwicklung mit einem oder zwei Zwischenwirten (Kleinkrebsen), geschlechtsreif im Darm von Fischen, Amphibien und Reptilien. Diese Ordnung ist wahrscheinlich die Ausgangsform der übrigen. Meist nur kleine Arten.

2. Ordnung: *Diphyllidea*

Scolex mit je zwei Bothrien dorsal und ventral und kräftigem Rostellum, Genitalatrium flächenständig ventral und median. Die Glieder lösen sich oft vor der Reife ab und leben frei im Darm. Finnen in Crustaceen und Mollusken, geschlechtsreif im Darm von Selachiern. Kleine *Cestoda* mit sehr großem und meist scharf abgesetztem Scolex.

3. Ordnung: *Tetrarhynchidea*

Meist vier Bothrien am Scolex, die zu einem dorsalen und ventralen Bothrion verschmelzen können. Am Vorderrand der Haftorgane vier ausstülpbare und bewaffnete Rüssel, die in Rüsselscheiden liegen. Geschlechtsreif fast nur in Selachiern, Larven in Fischen und marinen Invertebraten, selten in Reptilien.

4. Ordnung: *Pseudophyllidea*

Scolex meist unbewaffnet mit zwei oder mehr flächenständigen Bothrien, die auch fehlen können, z.B. *Caryophyllaeus.* Bei einigen Formen ist keine äußere Gliederung vorhanden. Genitalatrium ventral, dorsal oder seitlich, bei einigen dorsal und ventral. Entwicklung in zwei Wirten *(Caryophylaeidae)* oder drei Wirten; zuerst ein frei schwimmendes Coracidium, dann Procercoid in Crustaceen (erster Zwischenwirt), Plerocercoid meist in Vertebraten (zweiter Zwischenwirt), geschlechtsreifes Tier im Endwirt (Vertebraten).

Archigetes hat nur einen Wirt, er lebt in der Leibeshöhle von Oligochaeten, in denen er seine Entwicklung beginnt und beendet. A. wird als geschlechtsreif gewordenes Procercoid aufgefaßt (Neotenie). — *Diphyllobothrium latum.* Breiter Grubenkopf (Abb. 9b). Etwa 10 m lang. Coracidium mehrere Tage planktonisch lebend. Es gelangt als Nahrung in den Copepoden *Cyclops strenuus* oder *Diaptomus* und bildet sich nach Verlassen des Darmes in das Procercoid um. Wird der befallene Copepode von einem Fisch gefressen, so erfolgt die Umwandlung in das Plerocercoid. Mit dem Fisch gelangt dieses in den

Menschen oder ein fischfressendes Säugetier als Endwirt. Das dritte Larvenstadium kann mehrmals den Darm eines Fisches passieren. — *Sparganum proliferum* ist ein Plerocercoid, das sich durch Knospenbildung vermehrt und in Ostasien eine Augenkrankheit beim Menschen erzeugt. — *Ligula intestinalis*. Riemenwurm. Coracidium in Copepoden, Plerocercoid in Cypriniden, wo auch schon die Bildung der Eier beginnt; Endwirte sind Wasservögel. Der Wurm ist fast ungegliedert, das Plerocercoid wird etwa 3/4 m lang. — *Schistocephalus gasterostei*. Plerocercoid schon Eier bildend, Lebensweise dem vorigen sehr ähnlich. — *Caryophyllaeus mutabilis*. Körper ungegliedert, nur einen Geschlechtsapparat enthaltend. Larve in *Tubifex*, Endwirt Fische. Gilt als geschlechtsreif gewordenes Plerocercoid.

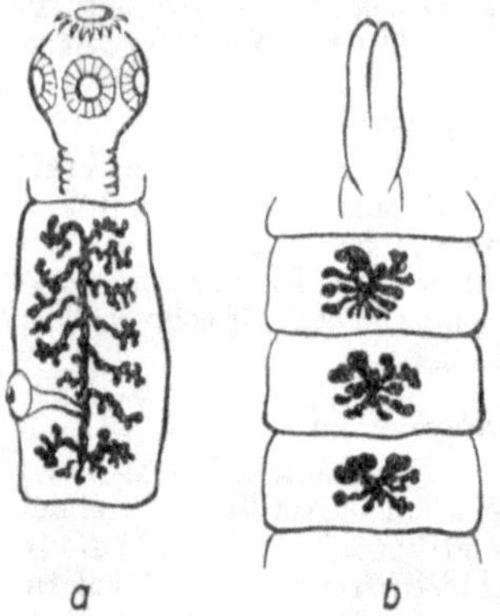

Abb. 9. Köpfe und Glieder von Bandwürmern. Nach v. Lengerken. — *a* Taenia solium; *b* Diphyllobothrium latum.

5. Ordnung: *Cyclophyllidea*

Scolex mit eingesenkten Saugnäpfen (Acetabula) und meist einem Rostellum. Strobila stets gegliedert, Genitalatrium meist lateral, Uterus meist ohne Öffnung. Geschlechtsorgane bei einigen Formen verdoppelt. Die Glieder lösen sich erst nach völliger Reife ab. Immer nur ein Zwischenwirt, verschiedene Larvenformen, durch innere oder äußere Knospung entstehen die Coenurus- und Echinococcuslarven. Zwischenwirte sind Wirbellose (meist Arthropoden) und Wirbeltiere, Endwirte vorwiegend Vögel und Säugetiere.

Dipylidium caninum. Gurkenkernbandwurm. Geschlechtsreif vor allem in Hunden und Katzen, nicht selten auch in Kindern. Geschlechtsorgane der Einzelglieder doppelt. Mit dem Kot gelangen die Eier oder Glieder auf die Afterhaut, werden vom Hundehaarling *(Trichodectes canis)* oder von Flohlarven gefressen, und entwickeln sich in ihnen zum Cysticercoid. Die Endwirte nehmen beim Zerbeißen der genannten Ectoparasiten die Wurmlarven auf. Übertragung auf den Menschen erfolgt durch den Umgang mit Hunden und Katzen. — *Hymenolepis nana.* Zwergtaenie. Kann ohne Zwischenwirt geschlechtsreif werden, daher Selbstinfektion möglich; als Cysticercoid im oberen Dünndarm, im unteren Dünndarm reifwerdend. In Ratten, Mäusen, auch im Menschen. — *Taenia solium.* Schweinebandwurm (Abb. 9a). Zwei bis drei Meter lang, Scolex mit doppeltem Hakenkreuz. Uterus mit 7 bis 10 z.T. verzweigten Seitenästen. Die Finne, *Cysticercus cellulosae,* vor allem in den verschiedenen Organen des Schweines, Endwirt der Mensch. Infektion durch finnenhaltiges Fleisch oder mit menschlichen Fäkalien verschmutztes Gemüse. — *Taenia saginata.* Rinderbandwurm. Häufigster menschlicher Bandwurm, bis 10 m lang. Scolex ohne Rostellum, Uterus mit 20 bis 35 Seitenästen. Die Finne *(Cyst. bovis)* im Rind, Übertragung auf den Menschen durch finnenhaltiges rohes Rindfleisch.

Multiceps multiceps. Endwirt der Haushund, Finnen im Gehirn von Schafen (Drehkrankheit). Die Coenurus-Finne bildet im Innern durch ungeschlechtliche Vermehrung eine große Zahl von Scolices. — *Echinococcus granulosus.* Hülsenbandwurm. 6 mm lang, nur aus drei bis vier Proglottiden bestehend im Dünndarm des Hundes. Infektion des Menschen bzw. verschiedener Haustiere, vor allem des Schafes, durch mit Hundekot verschmutzte Nahrungsstoffe. Die Larve *(Echinococcus cysticus)* in den verschiedensten Organen, vor allem bis kindskopfgroß in der Leber; ihre Innenwand bildet aus einer Keimschicht Tochter- und Enkelblasen mit Scolices nach außen und innen. Sie entstehen in kleinen Brutkapseln, die als umgewandelte Scolices zu betrachten sind. — *E. alveolaris.* Hauptwirt der Hund, Zwischenwirt vor allem das Rind und auch der Mensch.

Einige Fragen, die die Morphologie und Abstammung der *Cestoidea* betreffen, sollen noch kurz erörtert werden. Der Streit, ob der Bandwurm als vielgliedriges Einzeltier oder als Tierstock aufzufassen ist, ist in ersterem Sinne entschieden worden. Dafür spricht das einheitliche Nervensystem, die Längsmuskulatur des Parenchyms, die völlig zusammenhängend die Strobila durchzieht, und das Exkretionssystem, das am ursprünglichen Hinterende mit einer unpaaren Endblase mündet. Die Geschlechtsorgane sind dagegen fast stets segmental angeordnet. Das war der Hauptgrund, die Bandwürmer als Tierstöcke anzusehen. Auch die Beobachtung selbständig beweglicher Proglottiden schien dafür zu sprechen.

Die für einen Endoparasiten mit kompliziertem Verlauf der Entwicklung notwendige hohe Vermehrungszahl ist bei den Trematoden gesichert durch die Einschaltung parthenogenetischer Generationen, bei den Cestoden durch die regelmäßig wiederholten Geschlechtsorgane. Die bei manchen Arten vorkommende Verdoppelung des Geschlechtsapparates in einem Glied spricht gleichfalls für die oben begründete erste Ansicht.

Für die Phylogenie der *Cestoda* kommen die sehr abweichenden und isolierten *Cestodaria* nicht in Frage, aber auch nicht die Trematoden, wie meist angenommen wurde. Beide Gruppen dürften von Anfang an getrennt aus einer gemeinsamen Urform (Turbellar?) entstanden sein.

5. STAMM:

HOHLWÜRMER, RUNDWÜRMER *(Aschelminthes, Nemathelminthes)*

Die Hohlwürmer bilden eine Sammelgruppe, deren Stammesgeschichte ebenso unsicher ist wie die Verwandtschaft der zu ihnen gestellten Gruppen zueinander. Mit den *Plathelminthes* haben sie nichts zu tun; ihr Ursprung dürfte dem der *Articulata (Annelida + Arthropoda)* nahe sein. Sie haben sich aber im Gegensatz zu jenen rückläufig entwickelt und vereinfacht, sind aber auch insofern sehr differenziert, als ihre Entwicklung determiniert und die Funktion und Zahl der Zellen schon im frühen Stadium festgelegt ist. Damit hängt offenbar das Fehlen der ungeschlechtlichen Fortpflanzung und das sehr geringe Regenerationsvermögen zusammen. Mesoderm wird nur wenig gebildet, ein echtes Zölom fehlt im Gegensatz zu den Anneliden.

Der meist runde Körper ist hohl, der Hohlraum ist ein Schizozöl mit nur wenig Parenchym (Gegensatz zu den *Plathelminthes)*. Eine ventrale Seite ist meist nicht ausgeprägt, außer bei den kriechenden *Gastrotricha* und *Kinorhyncha*. Die Haut ist meist stark kutikularisiert, wodurch der Körper äußerlich segmentiert sein kann, aber niemals ist eine echte Metamerie vorhanden. Bildungen der Kutikula wie Haare und Dornen, das Fehlen der Wimpern in den meisten Gruppen und das Vorkommen von Häutungen erinnern an die Arthropoden. Ein Blutgefäßsystem fehlt. Protonephridien sind vorhanden. Die Geschlechter sind meist getrennt, die Zwittrigkeit mancher

Formen ist sekundär. Parasitismus kommt außer bei Gastrotrichen und Kinorhynchen bei allen Gruppen vor.

Die Furchung ist bilateral im Gegensatz zur Spiralfurchung der Anneliden, die Ähnlichkeit mancher Rädertiere *(Trochosphaera)* mit der Trochophoralarve ist stammesgeschichtlich kaum verwendbar.

1. Klasse:

RÄDERTIERE *(Rotifera, Rotatoria)*

Die Rädertiere sind vorn mit einem zur Bewegung und zum Nahrungserwerb dienenden Wimperorgan versehene kleine Nemathelminthen, deren Körper mit einem Fuß endet. Hautmuskelschlauch fehlt. Darmkanal mit einem mit Kauwerkzeugen ausgestatteten Schlundkopf (Mastax). Geschlechter getrennt, Männchen meist verkümmert. Etwa 1500 Arten, die meisten im Süßwasser, einige terrestrisch und im Meer (Abb. 10).

Sehr kleine (meist nur 1 mm groß) Tiere mit artlich verschiedener Zellkonstanz, daher fast nicht regenerationsfähig. Der Körper hat drei Abschnitte, Kopf, Rumpf und Schwanz, der erste und letzte können in den mittleren eingezogen werden. Am Kopf befindet sich das für die Rädertiere bezeichnende Räderorgan, in typischer Form mit einem stärkeren präoralen Wimperkranz (Trochus) und einem schwächeren postoralen (Cingulum). Zwischen beiden Kränzen liegt der Mund, in dem die Nahrung, die aus pflanzlichen und tierischen Lebewesen besteht, hineingestrudelt wird. Die Form des Räderorgans ist in den einzelnen Gruppen verschieden, ein oder selbst beide Kränze können fehlen, ihre Lage bauch- bis kopfständig sein. Der Fuß besteht meist aus dem eigentlichen Fuß und den Zehen (Schwanzblättern); er ist muskulös und enthält Klebdrüsen, mit denen sich die Tiere festkleben können. Je nach der Anpassung an die verschiedene Lebensweise kann er als Kriech-, Schwimm-, Spring- und Sitzfuß gestaltet sein.

Die Haut besteht aus einer Kutikula, die bei manchen Formen gepanzert sein kann, und aus einer syncytialen

Hypodermis. In den oft bestachelten und in Platten gegliederten Panzer kann Kopf und Fuß eingezogen werden. *Melicerta* und *Stephanoceras* sind sessil und leben in Gallertröhren, die bei ersterer Form mit Kotkügelchen besetzt sind.

EinHautmuskelschlauch fehlt; dafür sind differenzierte, z. T. quergestreifte Muskeln vorhanden. Die schwimmende

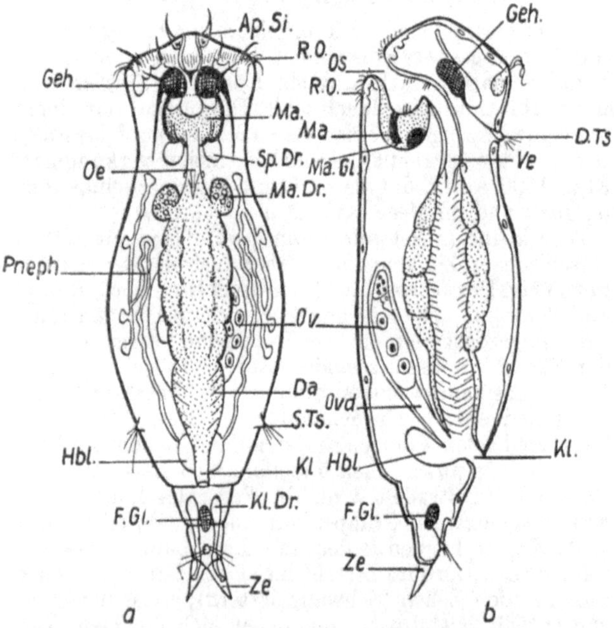

Abb. 10. Organisation eines Rädertieres. — *a* Rückenansicht; *b* Sagittalschnitt. Nach Remane; *Ap.Si.* apikale Sinnesorgane (Taster und Augenfleck); *Da* Magendarm; *D.Ts.* Dorsaltaster; *F.Gl.* Fußganglion; *Geh* Gehirn; *Hbl* Harnblase; *Kl* Kloake; *Kl.Dr.* Klebdrüsen; *Ma* Mastax; *Ma.Dr.* Magendrüsen; *Ma.Gl.* Mastaxganglion; *Oe* Oesophagus; *Os* Mund; *Ov* Ovarium; *Ovd* Eileiter; *Pneph* Protonephridium; *R.O.* Räderorgan; *Sp.Dr.* Speicheldrüsen; *S.Ts.* Seitentaster; *Ze* Zehe.

Bewegung erfolgt in einer Schraubenlinie, die Bdelloidea können spannerartig kriechen.

Das große birnförmige Cerebralganglion liegt über dem Schlund, von ihm gehen Nerven zu den einzelnen Organen, Fuß und Kaumagen haben besondere Ganglien. Von den Sinnesorganen haben die meisten Arten Lichtsinnesorgane in Form von roten oder schwarzen Pigmentflecken am Gehirn oder seitlich vom oder mitten im Räderorgan. Als Tastorgane werden die Lateralorgane aufgefaßt. Es sind ein vorderes Paar, das am Rücken zu einem Dorsalorgan verbunden ist, und ein hinteres ventrales Paar; sie besitzen Sinneszellen mit Sinneshaaren. Einige Familien haben palpenartige, retraktile Gebilde am Vorderteil.

Der Mund führt in den kugligen oder lappigen muskulösen Kaumagen (Mastax), ein sehr bezeichnendes Organ im Verdauungssystem aller Rädertiere. Im Mastax befindliche chitinöse Hartgebilde bewirken die Zerkleinerung der Nahrung durch Zerquetschen bei vegetabilisch lebenden Formen (malleater Typus des Mastax) oder sie dienen als Greifzangen bei räuberischen Formen (forcipater Typus). Am Kaumagen können Speicheldrüsen einmünden. Im Magen, dem Verdauungsfermente liefernde Gastraldrüsen anliegen, findet die Verdauung statt. Ein undeutlich vom Magen getrennter Darm führt in den Enddarm zu der am Hinterende des Rumpfes dorsal gelegenen Kloake. Die primäre Leibeshöhle ist umfangreich.

Kreislauf und Atmungsorgane fehlen, der Gasaustausch findet durch die Haut statt und wird durch die vom Räderorgan bewirkte Strudelbewegung des Wassers gefördert.

Die Protonephridien beginnen mit Wimperkölbchen an Haarkanälen, die sich zu zwei lateralen Hauptkanälen vereinigen, die teilweise drüsigen Bau haben. Sie münden in die kontraktile Blase und mit ihr in die Kloake. Eine wesentliche Aufgabe dieses Systems ist außer der Exkretion die Erhaltung eines gleichbleibenden osmotischen Druckes.

Alle Rädertiere sind getrenntgeschlechtlich, die Gonaden der *Seisonidea* und *Bdelloidea* sind paarig, die der *Monogononta* unpaar. Die weiblichen Organe bestehen aus einem Ovarium und einem syncytialen Nährbezirk, dessen Zellen die Eizellen ernähren. Der Ovidukt mündet gleichfalls in die Kloake.

Der bisher geschilderte Bau gilt nur für die Weibchen aller Ordnungen und die Männchen der *Seisonidea*, in den anderen Ordnungen sind letztere unbekannt bzw. fehlen (*Bdelloidea*, Fortpflanzung bei ihnen daher parthenogenetisch) oder hochgradig reduziert, ohne Darm mit einem Hoden und winzig klein (Zwergmännchen der *Monogononta*). Die Fortpflanzung ist stets geschlechtlich, bei den Arten mit Männchen durch Kopulation, bei der der Penis fast immer an einer beliebigen Stelle in den Körper des Weibchens eingebohrt wird. Die Befruchtung ist stets eine innere, die Entwicklung direkt, mit total-inäqualer Furchung ohne Keimblätter. Mitotische Zellteilungen sind auf die ersten Phasen der Entwicklung beschränkt.

Die Monogononta haben Generationswechsel, und zwar Heterogonie. Aus ihren Dauereiern entstehen amiktische Weibchen, die sich mit diploiden Eiern durch Parthenogenese vermehren. Eine Befruchtung ist bei ihnen ohne Erfolg. Die von ihnen abgelegten Eier sind dünnschalig (Sommer- oder Subitaneier). Nach einer Anzahl von weiblichen Generationen treten äußerlich gleiche Weibchen auf, die haploide Eier legen (miktische Weibchen). Aus unbefruchteten entstehen Zwergmännchen, befruchtete ergeben wieder Dauereier. Miktische Weibchen erzeugen nach Befruchtung Dauereier, unbefruchtet Eier, aus denen Männchen entstehen. Es gibt demnach dünnschalige unbefruchtete Subitaneier, festschalige befruchtete Dauereier und haploide, Männchen erzeugende Eier. Subitaneier, der schnellen Vermehrung dienend, können sich im Ovidukt entwickeln und damit Viviparie auftreten. Äußere Faktoren entscheiden über die Dauer und Zahl der Sexualperioden.

Rädertiere leben in geringer Artenzahl im Meer, sehr zahlreich im Süßwasser, selbst in Thermen bis 50°C, in Mineralquellen, in eiskaltem Schmelzwasser und im Faulschlamm. Erdrädertiere bewohnen Moospolster; *Callidina symbiotica* lebt in den Wassersäcken des Mooses *Frullania*. Diese Arten können sehr lange in Trockenstarre liegen und leben bei Befeuchtung wieder auf (Anabiose). Einige Formen sind Epizoen, selbst Parasiten kommen vor, z.B. *Albertia* in Nacktschnecken. Die Bildung von Kolonien, z.B. bei *Oecistes socialis*, *Melicerta ringens*, erfolgt nicht durch Teilung, sondern durch Apposition. Die große Variationsbreite mancher Arten zeigt sich besonders bei planktonischen im Saisondimorphismus.

1. Ordnung: *Seisonidea*

Ohne Dotterstock, Männchen voll entwickelt mit paarigen Hoden ohne Penis. Marin, Ektoparasiten an *Nebalia*.

2. Ordnung: *Bdelloidea*

Meist mit Rüssel, Ovar mit Dotterstock, paarig, Männchen fehlen. — *Callidina*, *Rotifer*.

3. Ordnung: *Monogononta*

Weibchen mit unpaarem Ovar und Dotterstock. Männchen meist vorhanden und reduziert. Hoden unpaar, Penis vorhanden. Heterogonie kommt in dieser Ordnung vor.

Brachionus, *Notommata*, *Asplanchna*, *Melicerta*. *Trochosphaera*, mit kugeligem Körper, kein Übergangsglied zwischen den Rädertieren und der Trochophora. Es ist wohl nicht mehr wissenschaftlich vertretbar, die Rädertiere als neotenische Trochophoralarven anzusehen, ihre Phylogenie ist noch umstritten.

2. Klasse:

GASTROTRICHEN *(Gastrotricha)*

Sehr kleine, 0,06 bis 1,5 mm lange Nemathelminten mit langgestreckten bilateral-symmetrischen, unterseits flachem Körper. Der Kopf ist mehr oder weniger abgesetzt, das Hinterende mit zwei Schwanzlappen oder einem unpaaren Schwanz versehen. Die Kutikula trägt Stacheln, Schuppen, Haken oder Schienen, die Bauchfläche ist ganz oder in zwei Längsstreifen bewimpert, außerdem sind Wimperzonen am Vorderende. Neben dieser Bewimperung sind Haftröhrchen (Klebdrüsen) für die Gastrotrichen charakteristisch, bei den *Chaetonotoidea* zwei bis vier am Hinterende, bei den *Macrodasyoidea* in großer Zahl (Abb. 11).

Der Darmkanal ist grade, ein Hautmuskelschlauch, Atmungs- und Kreislauforgane fehlen. Das Nervensystem besteht aus dem Gehirn und zwei ventro-lateralen Hauptnerven; von Sinnesorganen finden sich Tasthaare und Augenflecke. Nur die Süßwasser-Gastrotrichen haben ein

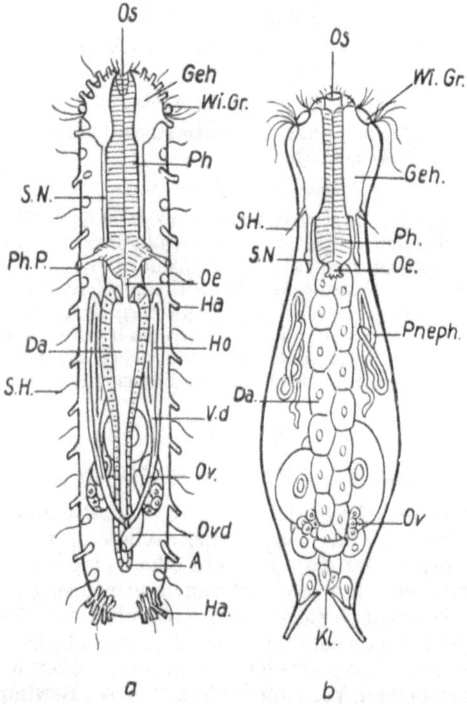

Abb. 11. Organisation eines Gastrotrichen. — *a* aus der Ordnung Macrodasyoidea; *b* aus der Ordnung Chaetonotoidea, Ventralansicht. Nach Remane. *A* After; *Da* Magendarm; *Geh* Gehirn; *Ha* Haftröhrchen mit Klebdrüsen; *Ho* Hoden; *Kl* Kloake; *Os* Mund; *Ov* Ovarium; *Ovd* Eileiter; *Ph* Pharynx; *Ph.P.* Pharyngealporus; *Pneph* Protonephridium; *S.H.* Sinneshaar; *S.N.* Seitennerv; *V.d.* Vas deferens; *Wi.Gr* Wimpergrube.

Paar einfache Protonephridien mit getrennten, ventralen Mündungen. Die *Macrodasyoidea* sind Zwitter, von fast allen *Chaetonotoidea* sind nur Weibchen bekannt, die vorübergehend Hoden haben. Die Eier sind sehr groß, die Entwicklung ist direkt, Stomodaeum und Mesenteron gehen aus einer Anlage hervor, Mesoderm noch nicht bekannt. Die Nahrung bilden Kleintiere, niedere Algen und Detritus. Alle Gastrotrichen, von denen bisher etwa 200 Arten bekannt sind, bewohnen den Bodengrund. Ihre Bewegung ist kriechend oder mit den Wimpern laufend oder schwimmend.

1. Ordnung: *Macrodasyoidea*

Haftröhrchen vorn, seitlich und hinten, ohne Protonephridien, mit Pharyngealanhängen, die wie Kiemenspalten vom Pharynx nach außen gehen, After ventral, Zwitter. Im Meer lebend.

2. Ordnung: *Chaetonotoidea*

Haftröhrchen nur am Hinterende, Protonephridien vorhanden, After dorsal. Männchen außer bei *Xenotrochula* unbekannt, Vermehrung durch Parthenogenese. Im Süßwasser zwischen Pflanzen, im Sapropel und Moorgewässern. – *Chaetonotus*. – Auch im Meer.

3. Klasse:

KINORHYNCHEN *(Kinorhyncha, Echinodera)*

In dieser Klasse werden gegen 30 Arten etwa 1 mm großer Nemathelminthen zusammengefaßt, deren bilateralsymmetrischer Körper aus 13 bis 14 Gliedern (Zonite) besteht. Zonit 1 bildet den zurückziehbaren Kopf, Zonit 2 den Hals, die übrigen den Rumpf. Der Kopf trägt Gürtel von Stacheln (Skaliden), die Rumpfzonite kutikulare Platten (eine dorsale Tergal- und zwei Sternalplatten), außerdem Klebröhrchen und Stacheln. Die von Stacheln umgebene Mundöffnung führt in den den Körper gerade bis zum After durchziehenden Darmkanal (Abb. 12). Die Muskulatur besteht aus Längs- und Dorsoventralmuskeln, ist aber kein Hautmuskelschlauch, sondern aus einzelnen Muskeln zusammengesetzt, die meist quergestreift sind.

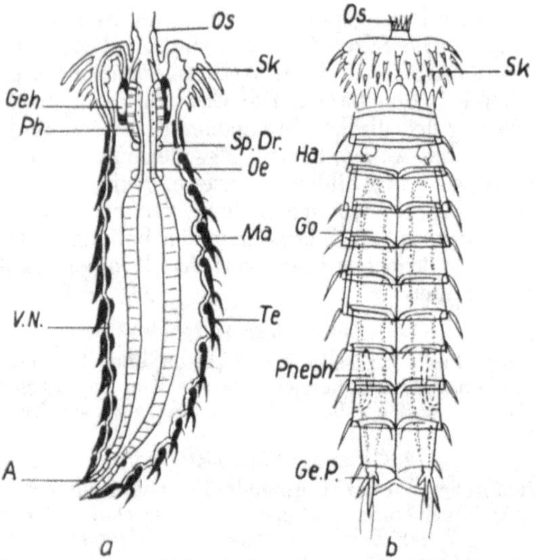

Abb. 12. Organisation von Kinorhynchen. — *a* Sagittalschnitt; *b* Ventralsicht. Nach Remane. *A* After; *Geh* Gehirn; *Ge.P.* Genitalporus; *Go* Keimdrüse; *Ha* Haftröhrchen mit Klebdrüsen; *Ma* Magendarm; *Oe* Oesophagus; *Os* Mund; *Pneph* Protonephridium; *Sk* Kopf mit Stachelkränzen (Skaliden); *Sp.Dr.* Speicheldrüsen; *Te* eine Rückenplatte (Tergit); *V.N.* Ventralnerv.

Das Nervensystem ist aus dem Gehirn, einem ventralen Hauptnerv und segmentalen Ganglienhaufen im 3. bis 12. Zonit gebildet. Blutgefäße und Atmungsorgane fehlen, ein Paar Protonephridien vorhanden. Die Geschlechter sind getrennt. In der postembryonalen Entwicklung treten Larvenstadien mit Häutungen auf. Alle Kinorhynchen leben im Meer benthonisch, entweder zwischen Algen oder im Schlamm, ihre Nahrung bilden Diatomeen und Detritus. Die Bewegung ist kriechend mit Ein- und Ausstülpen des Kopfes und wurmartigen Kontraktionen. Die verschiedene Art, in der die Kutikularplatten beim Zurückziehen den Kopf decken, ist für die Systematik wichtig. *Echinoderes*.

4. Klasse:

FADENWÜRMER *(Nematodes)*

Der Körper der Fadenwürmer ist meist langgestreckt bis fadenförmig, mit rundem Querschnitt und dicker Kutikula ohne Wimpern. Die Hypodermis ist in zwei oder vier Längsleisten stark verdickt, und der nur aus Längsmuskeln bestehende Hautmuskelschlauch ist dadurch in vier oder acht Felder geteilt. Die Exkretionsorgane, die in den Seitenlinien liegen, sind wohl Bildungen eigener Art. Die Leibeshöhle ist mit Flüssigkeit gefüllt. Verdauungsapparat aus Vorder-, Mittel- und Enddarm bestehend, Nervensystem mit gangliösen Zentren um den Vorderdarm und am Hinterende männlicher Tiere und einem ventralen Hauptnerv. Geschlechter fast stets getrennt, Gonaden röhrenförmig, beim Männchen eine meist mit Paarungsorganen (Spicula) versehene gemeinsame Öffnung für Enddarm und Geschlechtsorgane. Weibliche Geschlechtsöffnung ventral, fast immer vor dem After. Furchung determiniert, daher Zellkonstanz mancher Organe. Keine eigentliche Metamorphose, doch sog. Larven mit Häutungen.

Lebensweise frei in der Erde, im Wasser und in faulenden Substanzen oder als Parasiten von Pflanzen und Tieren (Abb. 13, 14, 15).

Die Artenzahl der Fadenwürmer ist recht erheblich, etwa 5000, wahrscheinlich aber noch viel größer. Die kleinsten sind 0,3 mm, die größten 50 bis 100 cm lang. Der Körper ist meist vorn und hinten verjüngt, also spindelförmig, in einigen Gruppen auch fadenförmig, selten plump (Weibchen von *Heterodera schachti*), die Männchen sind stets kleiner als die Weibchen. Es lassen sich bei den Nematoden ein Vorderkörper mit dem Schlund, Mittelkörper mit Darm und Geschlechtsorganen und der hinter dem After liegende Hinterkörper (Schwanz) unterscheiden. Der Mund liegt meist vorn terminal, der After bzw. die Geschlechtskloake ventral nicht weit vom Hinterende, der Exkretionsporus ventral und die weibliche Geschlechtsöffnung in der Mitte der Bauchseite. Borsten kommen nur bei freilebenden Formen vor, Saugnäpfe nur in wenigen Fällen.

Die Haut, meist schwach geringelt, besteht aus einer dicken, aber elastischen Kutikula und einer syncytialen Hypodermis, die sich mediodorsal, medioventral und besonders lateral zu Leisten oder Wülsten verdickt, ein für

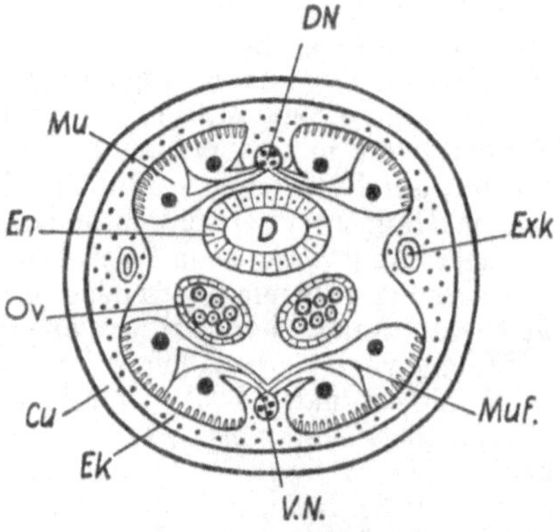

Abb. 13. Schematischer Querschnitt durch einen Nematoden (Meromyarier). Nach Kühn. — *Cu* Kutikula; *D* Darm; *D.N.* Dorsalnerv; *Ek* Ektoderm; *En* Entoderm; *Exk* Exkretionskanal; *Mu* Muskelzelle; *Muf* zu einem Längsnervenstamm ziehender Fortsatz einer Muskelzelle; *Ov* Ovarium; *V.N.* Ventralnerv.

die Nematoden sehr charakteristisches Merkmal. Die Seitenwülste sind dann besonders auffallend, wenn sie die noch zu besprechenden Seitengefäße enthalten. Einzellige Hautdrüsen sind bisweilen vorhanden.

Auch die Muskulatur der Nematoden ist eigenartig. Sie besteht fast nur aus Längsmuskeln, die von den Seiten- und Medianfeldern unterbrochen werden, so daß vier oder acht Muskelfelder entstehen. Formen mit wenigen (zwei) Muskelzellen in jedem Feld heißen Meromyaria, solche mit vielen Polymyaria. Die Muskelzellen, deren Zahl artlich konstant ist, treten durch Plasmafortsätze mit den Nerven in Verbindung, gleichfalls eine Besonderheit dieser Gruppe. Da Ringmuskeln fehlen, ist die elastische Kutikula der Antagonist der Längsmuskeln. Transversalmuskeln können vorhanden sein, außerdem finden sich Muskeln am Vorderdarm und an den männlichen Geschlechtsorganen.

Das Nervensystem liegt in der Hypodermis, im Vorderkörper befindet sich ein Schlundring und die Kopfganglien (ein Dorsal-, zwei Lateral- und ein Ventralganglion); vom Schlundring gehen acht durch Kommissuren verbundene Längsnerven ab, darunter der ventrale Hauptnerv und ein dorsaler Nerv, am Hinterende befinden sich ein Analganglion, Kaudalganglien, und bei den Männchen noch Ganglien für die Begattungsorgane. Als Sinnesorgane finden sich in der Haut liegende Sinneszellen, die mit Nervenfortsätzen die Oberfläche der Haut erreichen; sie stehen besonders am Kopf, an den Kopfseiten (Seitenorgane) als Chemorezeptoren, bei den Männchen als Genitalpapillen vor und hinter der Kloake. Einfache, einzellige Augen in Form von Pigmenthaufen bzw. Bechern finden sich bei freilebenden Nematoden neben dem Schlund.

Zwischen Hautmuskelschlauch und Eingeweiden befindet sich eine mit Flüssigkeit erfüllte Leibeshöhle (Pseudozöl), die auch Bindegewebe und Fettzellen enthalten kann. Die Flüssigkeit bewirkt den Turgor des Körpers, die zelligen Elemente scheinen Reservestoffe zu speichern und Fremdkörper unschädlich zu machen. Die Ascariden haben an den Seitengefäßen vier bzw. bei nur einem Seitengefäß zwei büschelförmige Zellen, ähnliche Gebilde finden sich bei Oxyuriden; sie nehmen Fremdkörper auf und haben vielleicht Anteil an der Exkretion.

Der Darmkanal ist gerade, der ganze ektodermale Vorderdarm mit Kutikula bekleidet; um die Mundöffnung können Lippen stehen, sie enthält bei vielen Formen Haken, Mundzähne oder Stilette im Dienst der Nahrungsaufnahme. Der muskulöse Pharynx, in den Drüsen münden, hat ein dreikantiges Lumen und wirkt wie eine Saugpumpe. Im Mitteldarm wird in den Zellen Glykogen als

Nahrungsreserve gespeichert, der Enddarm ist kurz. Reduktion des Darmkanals kommt bei solchen Formen vor, die fast nur von gelösten Stoffen leben, deren Aufnahme durch die Haut möglich ist, z. B. *Dracunculus*. Atmungsorgane und ein Blutgefäßsystem fehlen; der Betriebsstoffwechsel beruht bei Parasiten auf einem Gärungsvorgang, bei dem, wenigstens bei *Ascaris*, ohne Sauerstoff Kohlehydrate durch Fermente gespalten werden.

Als Exkretionsorgane dienen die für die Nematoden bezeichnenden, in den Seitenfeldern liegenden Seitengefäße, wohl nicht den Protonephridien oder Nephridien homolog, meist zwei, die in der Schlundregion durch einen Querkanal verbunden sind. Beide Seitengefäße entsprechen einer Zelle; oft sind sie unsymmetrisch, oder es fehlt ein Seitengefäß ganz oder beide. Die Mündung liegt ventral, meist vorn. Als Exkretionsorgane werden auch die am Hinterende des Mitteldarms liegenden Rektaldrüsen angesehen.

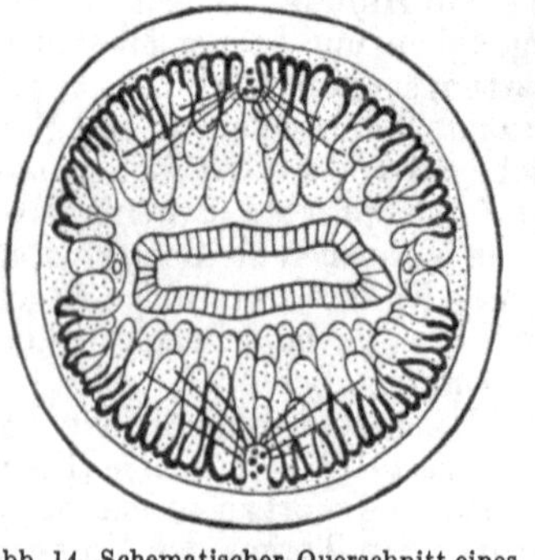

Abb. 14. Schematischer Querschnitt eines Nematoden (Polymyarier). Nach Wesenberg-Lund.

Die Geschlechtsorgane sind stets röhrenförmig; die weiblichen bestehen aus zwei Ovarien, den Ovidukten, einem Uterus, in dem die Eier einen Teil der Entwicklung durchmachen, und einer muskulösen Vagina, die mit einer meist queren Vulva auf der Ventralseite in der Regel in der Körpermitte endet. Im männlichen Geschlecht findet sich meist nur ein Hoden, ein Vas deferens – oft mit Samenblase – und ein zusammen mit dem Enddarm in die Geschlechtskloake mündender, muskulöser Ductus ejaculatorius. Fast stets ist mit ihr ein Begattungsapparat aus meist zwei kutikularen Stäbchen (Spicula) verbunden, die bei der Copula in die Vulva eindringen und sie auseinanderspreizen. Das Hinterende der Männchen ist häufig stark gekrümmt. Manche Gattungen, z. B. *Strongylus*, haben im männlichen Geschlecht eine häutige Verbreiterung des Hinterendes, die Bursa copulatrix, die sich um die Vulva legt. Die Eierzahl der parasitierenden Arten

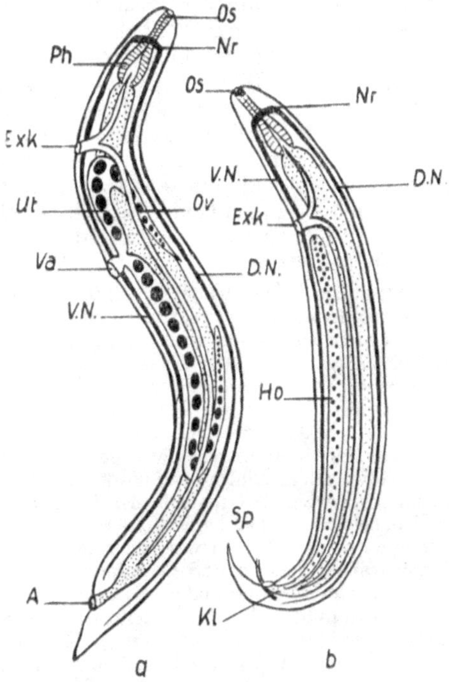

Abb. 15. *a* Schema eines weiblichen und *b* eines männlichen Nematoden. Nach Kühn. *A* After; *D.N.* Dorsalnerv; *Exk* Exkretionskanal; *Ho* Hoden; *Kl* Kloake; *Nr* Nervenring; *Os* Mund; *Ov* Ovarium; *Ph* Pharynx; *Sp* Spicula; *Ut* Uterus; *Va* Vagina; *V.N.* ventraler Nerv.

ist ungeheuer, der Spulwurm des Menschen soll täglich 200000 bis 245000 Eier erzeugen. Die meisten Arten sind getrenntgeschlechtlich (alle eigentlichen Parasiten), bei manchen Rhabdias- und Strongyloides-Arten kommt Zwittrigkeit vor, indem Weibchen in den Ovarien auch Spermien erzeugen, die Männchen können sehr selten sein oder auch ganz fehlen. Auch Parthenogenese findet sich bei einigen Arten, bei *Rhabdiasidae* regelmäßiger Wechsel freilebender getrenntgeschlechtlicher Generationen und parasitischer zwittriger autogamer Weibchen (Heterogonie).

Die Entwicklung beginnt mit einer streng determinierten Furchung nach dem Bilateraltyp. Sie führt zur Zellkonstanz mancher Organe (Nervensystem, oft auch Muskulatur, Darm usw.). Damit hängt das Fehlen der Regenerationsfähigkeit zusammen. Die meisten Nematoden sind ovipar, vivipar ist z.B. *Trichinella spiralis*, *Filaria*. „Larven" heißen die Stadien vom Verlassen der Eischale bis zum Aufhören der meist vier Häutungen. Ihnen fehlen die ausgebildeten Gonaden.

Die Bewegung der Fadenwürmer ist schlängelnd und drehend, sowohl nach dorsal wie ventral; eine physiologische Bauchfläche ist nicht vorhanden, meist erfolgen die Bewegungen in der Seitenlage.

Viele freilebende Fadenwürmer leben von pflanzlichen Stoffen, *Anguillula* scheint Bakterien in faulenden Substanzen zu verzehren, räuberische Arten fressen Rädertiere, andere Nematoden usw. Enopliden und Anguilluliden suchen an gelösten organischen Stoffen reiche Biotope auf (Abwässer, Mist, Saftfluß an Bäumen, verwesende Organismen). *Ancylostoma* kann mit seinen Mundzähnen Schleimhautstücke verschlingen. Auch manche Darmbewohner scheinen weniger vom Nahrungsbrei als von Epithelzellen, Schleim und Darmbakterien zu leben, Blut nehmen *Ancylostoma* und andere Strongyliden auf. Die im Zölom und in Geweben lebenden Fadenwürmer können die Nahrungsaufnahme durch den Darm durch Hautresorption unterstützen bzw. ersetzen, was zur Degeneration des Darmes führen kann. Während die erwachsenen Tiere der darmbewohnenden Arten keinen freien Sauerstoff brauchen, können sich die Eier ohne diesen nicht entwickeln. Hiermit hängt es wohl zusammen, daß die Eier mit den Faeces entleert werden und die Larven erst weite Umwege durch verschiedene Organe machen, ehe sie im Darm geschlechtsreif werden. Niemals scheint die Entwicklung im gleichen Tier am gleichen Ort vollendet zu werden, in dem sie begonnen wurde.

Nematoden leben im Süßwasser und im Meere, in der Erde, in Moospolstern oder als Parasiten an und in Pflanzen und Tieren. Der Artenreichtum und die Individuenzahl ist sehr groß. In einem Morgen Ackerland leben bis zu 15 cm Tiefe 100 bis 648 Millionen Fadenwürmer. Eine scharfe Grenze zwischen freilebenden und parasitischen Nematoden besteht nicht, da die meisten Parasiten wenigstens als Eier oder Larven freilebend sind, und manche Arten freilebende und parasitische Generationen haben. Nahrungsspezialisten sind z.B. *Anguillula aceti* im Essig und *A. nepenthicola* in den Insekten verdauenden Kannen von *Nepenthes*. Die Widerstandsfähigkeit der hartschaligen Eier gegen thermische und chemische Einflüsse ist sehr groß. Moos- und Erdbewohner haben die Fähigkeit, langdauernde Trockenheit zu überstehen und durch Befeuchtung wieder aufzuleben (Anabiose). Die Larven des Weizenälchens *Tylenchus tritici* konnten in einem Fall nach 27jährigem Trockenschlaf wieder belebt werden. In lufttrockenem Zustand wurden Temperaturen bis 80° C und —271° C mehrere Stunden ertragen.

1. Ordnung: *Hologona*

Die Keimzellen werden in der ganzen Länge der Gonaden gebildet. Ohne oder nur mit einem Spiculum, ohne Seitengefäße. Sämtliche *Hologona* sind erwachsen Parasiten warmblütiger Wirbeltiere.

Dioctophymiformes: Dioctophyma renale (Eustrongylus gigas) in Fisch fressenden Säugern, selten beim Menschen, Larven in Fischen (?).

Trichuridiformes: Trichuris trichura (Peitschenwurm) im menschlichen Dünndarm. — *Trichinella spiralis* (Trichine). Lebendgebärend, ständiger Endoparasit, geschlechtsreif im Dünndarm (Darmtrichine), Jugendform eingekapselt in den Muskeln (Muskeltrichine). In Ratten, Schweinen und im Menschen. — *Trichosomoides crassicauda* mit Zwergmännchen ohne Begattungsorgane, die in den Uterus der Weibchen einwandern.

2. Ordnung: *Telogona*

Die Keimzellen bilden sich nur im Endteil der Gonaden. Spicula meist paarig, Seitengefäße oder Ventraldrüse stets vorhanden. Parasitisch oder freilebend.

Filariiformes: Meist langgestreckte Nematoden, häufig vivipar und in Geweben parasitierend. — *Dracunculus medinensis* (Medina- oder Guineawurm). In Afrika, nach Amerika verschleppt. Erwachsen in der Haut des Menschen Geschwüre erzeugend. Bei Berührung mit Wasser werden aus ihnen lebendgeborene Larven abgegeben, die in *Cyclops*-Arten eindringen, sich häuten und entwickeln. Infektion des Menschen erfolgt durch verunreinigtes Wasser, dann Wanderung aus dem Darm in die Haut. — *Filaria bancrofti*. Tropen. Wahrscheinlich in Mischinfektion mit Bakterien die Elephantiasis erzeugend. Die Filarien leben in den Lymphgefäßen; in den im Blut kreisenden Eiern entwickeln sich Mikrofilarien (in jedem Ei eine). Durch den Stich werden sie von Mücken aufgenommen, verlassen die Eischale, setzen die Entwicklung fort, kommen in den Vorderdarm und beim Stich auf die Haut des Menschen (sehr kurzes Freileben!) und wandern aktiv in ihn ein. — *Loa loa*. In Afrika, nach Amerika verschleppt. Im Subkutangewebe des Menschen, besonders in der Augenbindehaut. Mikrofilarien gleichfalls im Blut. Zwischenwirt Stechfliegen.

Spiruriformes: Viele Wirbeltierparasiten. — *Cucullanus elegans*. Im Flußbarsch. Larve wahrscheinlich in Wasserflöhen. — *Gongylonema neoplasticum*. Zwischenwirt *Blatta*, Endwirt Ratte, in ihr bösartige Geschwülste erzeugend.

Strongyliformes: Parasiten in Wirbeltieren, Entwicklung meist ohne Zwischenwirt. — *Strongylus*, Lungenwurm, mehrere Arten in den Luftwegen von Säugern usw. — *Syngamus trachea* in der Luftröhre von Vögeln, Männchen durch seine Bursa mit dem Weibchen in Dauerkopula verbunden. — *Ancylostoma duodenale* (Haken- oder Grubenwurm). Sehr gefährlicher Parasit des Menschen, Massenerkrankungen erregend. Die mit dem Kot ausgeschiedenen Eier entwickeln sich in feuchter Erde weiter, die Larven dringen aktiv in die Haut ein, außerdem ist Infektion durch den Mund mit verschmutzter Nahrung oder Wasser möglich. Erwachsen im Dünndarm, nachdem die Larven mit dem Blut durch Lungen, Luftröhre und zum Mund gewandert sind. Noch gefährlicher ist der amerikanische *Necator americanus*.

Ascaridiformes: Große oder mittelgroße Nematoden, Entwicklung mit oder ohne Wirtswechsel. — *Ascaris lumbricoides* (Spulwurm). Darmparasit des Menschen, ökologische Rassen in anderen Tieren. Die nach der Infektion mit verschmutzten Nahrungsmitteln im Darm ausschlüpfende Larve durchwandert mit dem Blut Lunge, Bronchien und Speiseröhre, bevor sie im Darm geschlechtsreif wird.

Oxyuridiformes: Kleine Nematoden mit pfriemenförmigem Schwanzende. Darmparasiten ohne Wirtswechsel. – *Enterobius (Oxyuris) vermicularis* (Pfriemenschwanz, Madenwurm). Im Darm des Menschen.

Mermithiformes: Fadenförmige Nematoden. Darmkanal nur bei jungen Larven vollständig, dann verkümmernd. Die erwachsenen Tiere und ersten Larven leben frei in der Erde oder im Süßwasser, nur im zweiten Stadium parasitisch in Insekten und Schnecken. *Mermis.*

Anguilluliformes Sammelgruppe kleiner, freilebender, halbparasitischer oder parasitischer Formen. In ihr vollzieht sich der Übergang von freilebenden und getrenntgeschlechtlichen zu parasitischen und zwittrigen Arten. Freilebend sind z.B. *Dorylaemus* und *Chromodora.* – *Anguillula* lebt frei oder parasitisch. In dieser Gruppe kommen auch zwittrige Formen und solche mit Parthenogenese und endlich Arten mit Wechsel von getrenntgeschlechtlichen und parthenogenetischen Generationen vor. – *Rhabdias bufonis (Angiostomum nigrovenosum).* Als Zwitter Parasit in der Lunge von Fröschen und Kröten. Die lebendgeborenen Jungen gelangen aus der Lunge in den Darm und ins Freie. Hier entstehen getrenntgeschlechtliche Tiere, deren Nachkommen sich auf Kosten der Mutter ernähren, wieder in Amphibien eindringen und Zwitter werden. Ähnlich ist die Entwicklung des im Fichtenrüsselkäfer *(Hylobius abietis)* schmarotzenden Fadenwurms *Allantonema mirabile.* Bei dieser Art begatten sich schon jugendliche Tiere (Choriogamie). – *Tylenchus*-Arten bewirken Erkrankungen von Kulturgewächsen. – *Sphaerularia bombi.* Männchen freilebend, Weibchen in der Leibeshöhle von Hummeln; die Vagina des etwa 1 mm langen Tieres fällt nach außen vor und wird bis 1,5 cm lang, so daß es nur ein Anhängsel an ihr ist. – *Heterodera schachti* erzeugt die Rübenmüdigkeit. Larven an Rübenwurzeln Knollen verursachend; Männchen schlank, nur als Larve schmarotzend, Weibchen plump zitronenförmig, sich nach der Begattung unter Degeneration seiner Organe in eine Brutkapsel umwandelnd, in der sich aus den Eiern die Larven entwickeln.

5. Klasse:

SAITENWÜRMER *(Nematomorpha)*

Die Saitenwürmer sind sehr langgestreckte, drehrunde Nemathelminthen. Ihr Nervensystem ist nicht deutlich vom Epithel der Haut getrennt, der Darmkanal wenig differenziert und oft degeneriert. Zwischen ihm und der Haut befinden sich Muskeln und Parenchym, das Hohl-

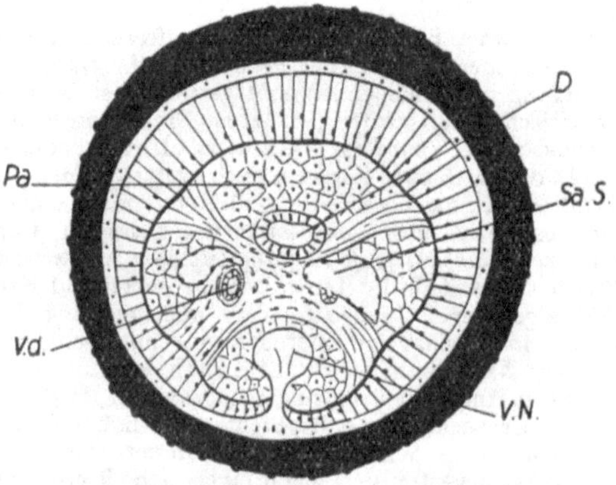

Abb. 16. Querschnitt eines männlichen Saitenwurms (Chordodes montoni) am Hinterende. Nach Remane. — *D* Darm; *Pa* Parenchym; *Sa.S.* Samensack; *V.d.* Vas deferens; *V.N.* Ventralnerv.

räume enthält, oder schwindet, so daß eine Körperhöhle entsteht. Blutgefäße und Exkretionsorgane fehlen, die Gonaden der stets getrenntgeschlechtlichen Saitenwürmer sind sackförmig und paarig, sie münden mit dem Darm in eine Kloake. Entwicklung mit Metamorphose, bis zur Geschlechtsreife Parasiten in Insekten und marinen Krebsen (Abb. 16, 17).

Die Länge verhält sich zum Durchmesser wie 1000 : 1, die größte Art *(Gordius fulgur)* wird 1 bis 1,6 m lang, die meisten Arten 15 bis 25 cm. Das Vorderende ist meist stumpf, an ihm befindet sich ventral der Mund. Am Hinterende liegt die Kloake; es ist bei den Gordioiden (außer bei *Chordodes*) gegabelt und immer ventral gekrümmt. Die Farbe ist meist dunkelbraun, nur die Kopfspitze (Kopfkalotte) hell, bei *Nectonema* weißlich. Die Kutikula

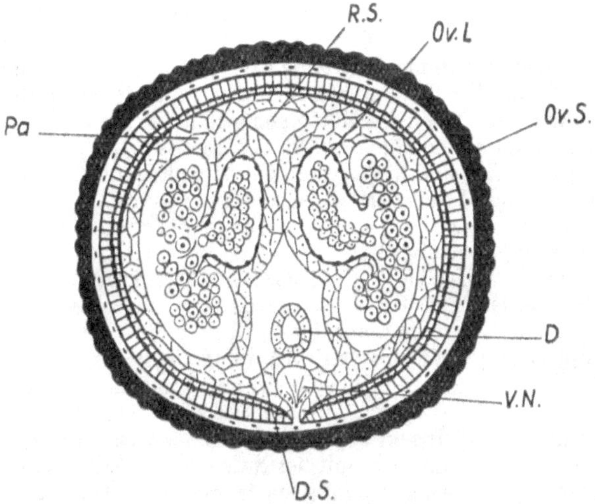

Abb. 17. Querschnitt eines weiblichen Saitenwurms (Parachordodes tolosanus), Hinterende. Nach Wesenberg-Lund. — *D* Darm; *D.S.* Darmsinus; *Ov.L.* Ovariallängsgang; *Ov.S.* Ovarialsinus; *Pa* Parenchym; *R.S.* Rückensinus; *V.N.* ventraler Nerv.

ist zweischichtig, die äußere Schicht homogen, die innere faserig, die Hypodermis einschichtig. Die Kutikula kann gefeldert sein, Knötchen und Tastborsten haben.

Das Nervensystem besteht aus einem cerebralen Ring im vorderen Kopfteil und einem ventralen Markstrang, es liegt im Epithel. Sinneszellen finden sich überall, vor allem vorn und beim Männchen am gegabelten Hinterende. Bei *Paragordius varius* scheint das ganze Vorderende ein einfaches Lichtsinnesorgan zu sein.

Der Darm ist undeutlich gegliedert, meist stark reduziert und bei erwachsenen Tieren wohl nicht zur Nahrungsaufnahme geeignet. Zwischen ihm und dem Hautmuskelschlauch verlaufen Transversalmuskeln und liegt ein Parenchym, in dem sich durch seinen Zerfall mehrere Hohlräume (Reste der primären Leibeshöhle) bilden, nämlich ein Darmsinus und außerdem bei Weibchen ein Dorsalsinus und eine Anzahl von Ovarialsinus. In ihnen liegen die langen Ovarien mit Ovarialdivertikeln, in welche die Eier fallen. Der Uterus mündet mit dem Enddarm in die Kloake. Die Hoden der Männchen sind zwei lange Schläuche, die Samenkanäle gehen in den Enddarm.

Bei der Kopula umschlingt das Männchen in mehreren Spiralen das Weibchen, wobei die Schwanzgabel bis ans Hinterende des letzteren gleitet. Die Eier werden in Strängen ins Wasser abgelegt. Das zuerst freilebende Jugendstadium, die Larve, hat im vorderen Teil ihres Körpers (Praesoma) einen Rüssel mit Stiletten und Rüsselmuskeln; ein Septum trennt diesen Teil vom eigentlichen Kopf–Rumpf mit einer Giftdrüse und einem Darm ohne Mund und After. Die Larve befreit sich mit ihrem Bohrorgan aus der Eischale und kann sich kriechend bewegen. Sie muß in ein Insekt gelangen, entweder aktiv sich einbohrend oder enzystiert mit der Nahrung. Im Wirt (Laufkäfer, Wasserkäfer, Heuschrecken, Schaben) bohrt sich die Larve einen Weg in die Leibeshöhle, wirft das Praesoma ab und entwickelt sich nun bei osmotischer Nahrungsaufnahme weiter. Es scheint verschiedene Möglichkeiten zu geben; so kann sich in einem Wasserkäfer, z. B. *Dytiscus*, die Entwicklung ganz vollziehen, oder erst ein Zwischenwirt (Eintagsfliegen- oder Köcherfliegenlarve) vorhanden sein und aus diesem als Beute eines Raubinsektes die Larve in den Endwirt gelangen, oder die Infektion von Landinsekten durch Aufnahme der encystierten Larven geschehen. Die erwachsenen Tiere verlassen ihren Wirt im Wasser, wo sie sich schlängelnd bewegen. Sie sind zwar sehr lebenszäh, aber nicht regenerationsfähig. Bekannt sind etwa 230 Arten.

1. Ordnung: *Gordioidea*

Leibeshöhle durch Parenchym eingeengt, weibliche Gonade pseudometamer, beide Geschlechter mit Geschlechtskloake. – *Chordodes*, erwachsen mit Mund, Haut nicht glatt. – *Gordius* ohne Mundöffnung, Haut glatt.

2. Ordnung: *Nectonematoidea*

Nectonema, drei Arten, mit Schwebeborsten, marin, frei schwimmend. Ohne Parenchym. Larve in Krebsen.

6. Klasse:

KRATZER *(Acanthocephala)*

Nemathelminthen mit langgestrecktem, meist rundem Körper, der aus einem Vorderteil mit hakenbesetztem Rüssel, einem Hals und Hinterleib besteht. In der Hypodermis ein Lakunensystem, Darmkanal fehlt. In der Leibeshöhle das schlauchförmige Ligament mit den Gonaden, Geschlechter getrennt, im weiblichen eine Uterusglocke. Endoparasiten mit einfachem oder doppeltem Wirtswechsel.

Der 1 bis 60 cm lange, im weiblichen Geschlecht meist größere Körper ist charakterisiert durch ein Praesoma (Rüssel und Hals) und einem davon durch eine Scheidewand getrennten Rumpf. Der Rüssel ist mit zahlreichen, nach hinten gerichteten Haken bewaffnet, deren Form und Stellung systematisch wichtig ist. Der Hals ist gewöhnlich ohne Haken. Am plumperen, meist rundem Rumpf liegt endständig und ventral die Geschlechtsöffnung (Abb. 18).

Unter der dünnen Kutikula liegt eine syncytiale Hypodermis mit einem Lakunensystem, das für die durch Endosmose erfolgende Ernährung wichtig ist. Von der Grenze des Halses gehen zwei keulenförmige Auswüchse der Hypodermis, die Lemnisken, in die Rumpfhöhle. Sie scheinen die aus den Lakunen des Rüssels beim Einziehen zurückströmende Flüssigkeit aufzunehmen und durch ihre

Entleerung jenen wieder vorzustoßen. Er liegt in einer hinten geschlossenen Rüsselscheide.

Ein Hautmuskelschlauch mit äußerer Ring- und innerer Längsmuskulatur, sowie Muskeln für die Genitalien und den Rüssel sind vorhanden.

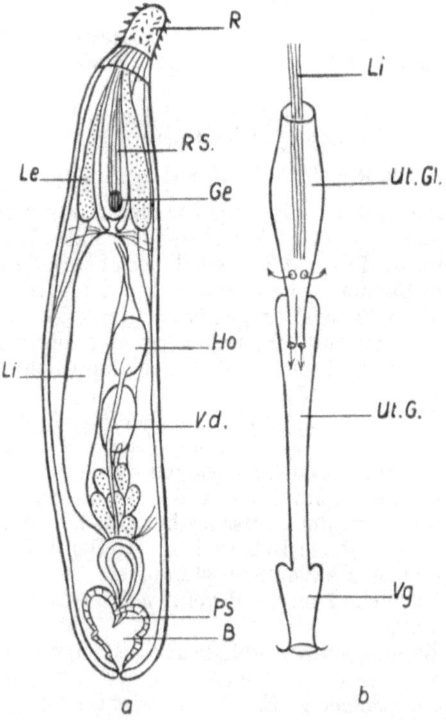

Abb. 18a. Männchen eines Acanthocephalen. Nach Claus-Grobben. — *B* Bursa copulatrix; *Ge* Gehirn; *Ho* Hoden; *Le* Lemniscus; *Li* Ligament; *Ps* Penis; *R* Rüssel; *R.S.* Rüsselscheide; *V.d.* Vas deferens.

Abb. 18b. Schematische Darstellung der weiblichen Geschlechtsorgane. Nach Wesenberg-Lund. — *Li* Ligament; *Ut.G.* Uterusgang; *Ut.Gl.* Uterusglocke; *Vg* Vagina.

Das Nervensystem besteht aus einem in der Rüsselscheide liegenden Gehirnganglion mit von ihm zum Rüssel und seinen Muskeln laufenden Nerven, Genitalganglien der Männchen, und zwei starken lateralen Längsnerven. Tastpapillen befinden sich am Vorderende und am Penis.

In der primären Leibeshöhle liegt – vielleicht als Rudiment eines Darmes – das schlauchförmige Ligament, das in räumlichen Beziehungen zu den Gonaden steht. Blutgefäße, Atmungs- und Exkretionsorgane fehlen, nur die Gigantorhynchiden haben Protonephridien.

Die Geschlechter sind stets getrennt. Die Männchen haben zwei Hoden mit Ausführungsgängen, Kittdrüsen, deren Sekret nach der Begattung die weibliche Geschlechtsöffnung verschließt, eine ausstülpbare Bursa copulatrix und in ihr einen Penis. Die paarigen Ovarien liegen wie die Hoden im Ligament und entleeren die Eier bei den meisten Arten (außer den Gigantorhynchiden) in die Leibeshöhle. Hier befindet sich als Sortierapparat die topf- oder flaschenförmige Uterusglocke, die mit Schluckbewegungen die Eier aufnimmt, die unreifen runden durch zwei Öffnungen wieder ausstößt, die reifen spindelförmigen durch die Uterusgänge (fälschlich Ovidukte genannt) in den Uterus und die Vagina befördert. Die Befruchtung ist innerlich; im Ei mit einer mehrschichtigen Schale entwickelt sich der Embryo zu einer Larve. Aus dem Darm des Wirtes gelangen die Eier ins Freie, entweder ins Wasser oder in feuchte Erde. Sie sind sehr widerstandsfähig und müssen passiv in den Zwischenwirt aufgenommen werden, im ersteren Fall meist von Asseln und Flohkrebsen, im letzteren von Insekten. Im Zwischenwirt wird die Eischale aufgelöst, und die Larve bohrt sich mit ihren Haken durch die Darmwand in die Leibeshöhle. Mit dem Zwischenwirt kommt sie endlich in den Endwirt, z.B. in Fische, in dem sie die endgültige Größe und Geschlechtsreife erlangt. Andere Kratzer in Vögeln und Säugern haben niedere Wirbeltiere, z.B. Fische, Amphibien, als zweite Zwischenwirte, z.B. erst ein Krebschen, dann einen Friedfisch, schließlich als Endwirt einen Raubfisch. Die erwachsenen Kratzer bohren sich mit dem Rüssel in die Darmwand ein, die Fruchtbarkeit ist wie bei den meisten Parasiten sehr groß. Bekannt sind etwa 260 Arten.

Ordnung: *Echinorhynchoidea*

Macracanthorhynchus hirudinaceus. Larven im Engerling, erwachsen im Schwein. *Pomphorhynchus laevis*, Larve in Flohkrebsen, unreife Form in kleinen Fischen, erwachsene in Raubfischen. — *Polymorphus boschadis,* in Wasservögeln, Larve in Flohkrebsen.

Remane unterscheidet 2 Ordnungen.

Im Anhang an die Nemathelminthen wird *Buddenbrockia plumatellae* behandelt. Es ist ein 2 mm langes „Würmchen" ohne Kutikula und Darm, das als Parasit in dem Moostier *Plumatella* lebt. Unter dem Epithel vier Längsmuskeln, auf ihnen ein Zellbelag, der die zwittrigen Geschlechtszellen bildet. Systematische Stellung unsicher.

6. STAMM:

SCHNURWÜRMER *(Nemertini)*

Körper meist langgestreckt, unsegmentiert, doch häufig mit pseudometamerer Anordnung mancher Organe (Darmdivertikel, Gonaden). Darm gerade, Afteröffnung stets vorhanden. Dorsal vom Darm ein ausstülpbarer Rüssel in einer Rüsselscheide (Rhynchocoelom). Blutgefäße vorhanden. Nervensystem aus einem dorsalen und ventralen Ganglienpaar sowie aus Seitennervenstämmen bestehend. Geschlechter fast stets getrennt, die Gonaden liegen zwischen den Darmdivertikeln und münden direkt, also fast immer ohne Kopulationsorgane nach außen. Entwicklung direkt oder indirekt, in letzterem Fall mit zwei verschiedenen Larvenformen. Die meisten Nemertinen sind räuberische marine Tiere.

Der Körper der Schnurwürmer ist meist schmal, band- oder fadenförmig, im Querschnitt rundlich bis elliptisch. Blattartig sind *Malacobdella* und pelagische Formen. Während die kleinsten Arten nur wenige mm lang sind, erreichen manche bei 2,5 bis 9 mm Breite 5 bis 8 m Länge, *Lineus longissimus* soll 30 m lang werden (Abb. 19, 20).

Der Kopf setzt sich bei einigen Arten deutlich in Gestalt eines Lappens ab, *Nectonemertes mirabilis* hat im männlichen Geschlecht zwei hinter dem Kopf stehende Tentakel (Cirren), und am Hinterende haben beide Geschlechter dieser Art eine Flosse. Der Mund liegt ventral nicht ganz endständig, sondern hinter der Öffnung des bald zu besprechenden Rhychodaeums. Sehr charakteristische Bildungen vieler Schnurwürmer sind seitlich am Kopf befindliche Kopffurchen oder Spalten, die mit dem Gehirn verbundene Sinnesorgane enthalten. Der stets vorhandene After ist am Hinterende oder etwas nach dorsal verlagert. Die nur bei geschlechtsreifen Tieren sichtbaren Genitalporen liegen lateral oder nach dorsal bzw. ventral verschoben. Einen sichtbaren Penis hat nur *Phallonemertes murrayi*.

1. Haut und ihre Bildungen

Die Haut besteht aus einem Epithel von distal erweiterten Wimperzellen, Drüsenzellen, Sinneszellen und häufig aus verästelten und sich verbindenden Zellen eines interstitiellen Gewebes. Viele Schnurwürmer sind lebhaft und bunt gefärbt, die Pigmente sind an die eben genannten Zellen gebunden. Unter dem Epithel liegt eine Grundschicht aus einer homogenen, von feinen Fibrillen durchzogenen Substanz und eine bindegewebige Kutis.

2. Muskulatur

Der Hautmuskelschlauch der Palaeonemertinen setzt sich von außen nach innen aus Ring- und Längsmuskeln zusammen, zwischen denen bei manchen Arten diagonale Fasern liegen. Die Heteronemertinen haben einen aus einer Längs-, Ring- und Längsmuskelschicht bestehenden Hautmuskelschlauch, Hoplo- und Bdellonemertinen haben keine äußere Längsmuskelschicht. Die Muskeln der Kopfregion können von dem Schema abweichen. Kleine Formen bewegen sich mit Hilfe der Cilien schlängelnd, größere durch von hinten nach vorn verlaufende Muskelkontraktionen. Pelagische Arten können mit wellenförmigen Bewegungen schwimmen.

Alle innerhalb des Hautmuskelschlauchs liegenden Organe sind von einem gallertigen, aus großen blasigen, kleinkernigen Zellen gebildeten Parenchym umhüllt.

3. Sinnesorgane

An Sinnesorganen finden sich Tastorgane, statische Organe (nur bei *Ototyphlonemertes*), Augen nach dem Typ der Pigmentbecherocellen in der vorderen Kopfregion von zwei bis mehreren Hundert, aber nicht bei allen Arten. Die meisten Schnurwürmer haben die für sie charakteristischen Cerebralorgane, von denen sich Andeutungen schon bei manchen Strudelwürmern als Wimpergrübchen finden. Sie sind in längs gerichteten Kopfspalten oder queren Kopffurchen liegende, an Sinneszellen und Drüsen reiche und mit dem Gehirnganglion verbundene Organe des chemischen Sinnes (Wasserbeschaffenheit, Beute). Am Kopfrand liegende Frontalorgane dienen dem Tastsinn.

4. Nervensystem

Das Nervensystem besteht aus dem Gehirn und den Seitensträngen. Ersteres setzt sich aus einem dorsalen und ventralen Ganglienpaar zusammen, eine dünne Kommissur verbindet über dem Rhynchodaeum das erstere, eine andere dickere unter ihm das letztere Ganglienpaar. Aus ihm gehen die beiden an den Seiten des Darmes verlaufenden Seitennerven hervor, die hinten verbunden sind und Ganglienzellen tragen.

Dazu kommt ein oberer, über dem Darm verlaufender Rückennerv, ferner Nervenfasern zu den Sinnesorganen und Kommissuren der Längsnerven. Bemerkenswert ist die Neigung des Nervensystems von der rein epithelialen Lage in die Tiefe des Hautmuskelschlauchs zu wandern, und besonders seine Lage über dem Darm, wie sie bei den *Notoneuralia* die Regel ist.

5. Stoffwechselorgane

a) Ernährungssystem

Es beginnt bei den Nemertinen mit einem ektodermalen Vorderdarm aus Mundöffnung, Speiseröhre und Magen bestehend. Bei einigen mündet er gemeinsam mit dem Rhynchodaeum in ein Atrium, bei anderen fehlt die Mundöffnung und geht die Speiseröhre in das Rhynchodaeum. Bei fast allen Arten hat der gerade den Körper durchziehende entodermale Mitteldarm seitliche paarige Divertikel, der After fehlt nie, der ektodermale Enddarm ist sehr kurz. Blindsäcke können sowohl vom Oesophagus wie von dem den Magen und Mitteldarm verbindenden Pylorus ausgehen. Die Nahrung der räuberischen Schnurwürmer bilden lebende und tote Tiere (Ringelwürmer, Kleinkrebse, Weichtiere, Fische). Die Beute wird meist ganz verschlungen, die Nahrung wahrscheinlich im Vorderdarm verdaut und im Mitteldarm resorbiert. Im Dienst der Ernährung steht der für die Schnurwürmer bezeichnende Rüsselapparat mit dem Rüssel, dem Rhynchodaeum und der Rüsselscheide (Rhynchocoelom). Der Rüssel ist ein vorn offenes, hinten geschlossenes Rohr, das vorn in das Rhynchodaeum übergeht, durch das er nach außen umgestülpt und vorgestoßen werden kann. Den Rüssel umgibt die Rüsselscheide, die mit einer Flüssigkeit gefüllt ist, in der die spindel- oder scheibenförmigen, amöboid beweglichen Rhynchocoelomkörper schwimmen. Der Rüssel selbst ist durch einen kräftigen Retraktormuskel in der Rüsselscheide befestigt und ist entweder bewaffnet, d.h. mit einem Stilettapparat versehen (*Hoplonemertini*) oder unbewaffnet, ohne Stilette (*Palaeo-* und *Heteronemertini, Bdellomorpha*). Der ausstülpbare Stilettapparat besteht aus dem Haupt- und mehreren Nebenstiletten, der sich hinten anschließende Teil des Rüssels enthält Giftdrüsen. Im unbewaffneten Rüssel können Stäbchen- und Nesselzellen enthalten sein, z.B. bei den *Lineidae*. Der Rüsselapparat liegt über dem Darm und ist aus Einstülpungen des Hautmuskelschlauches entstanden. Der

Rüssel ist eine Waffe zum Angriff und zur Verteidigung, das Vorstoßen und Ausstülpen erfolgt durch den von den Muskeln der Rüsselscheide auf die Rhynchocoelomflüssigkeit ausgeübten Druck.

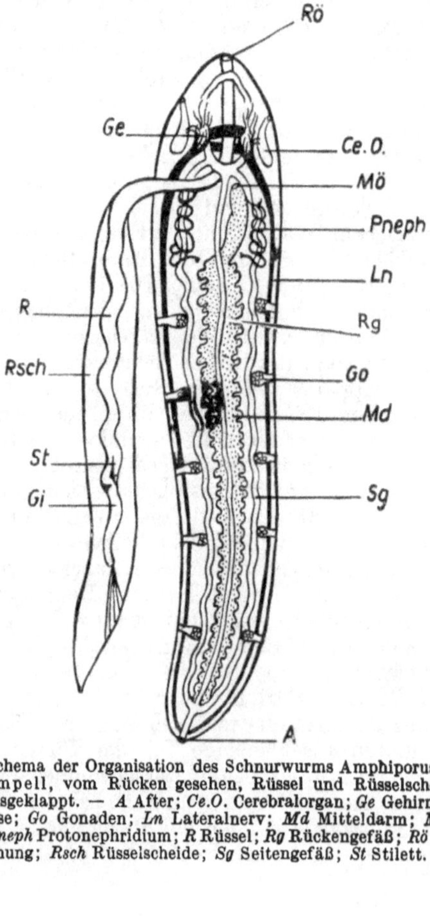

Abb. 19. Schema der Organisation des Schnurwurms Amphiporus pulcher. Nach Stempell, vom Rücken gesehen, Rüssel und Rüsselscheide nach links herausgeklappt. — *A* After; *Ce.O.* Cerebralorgan; *Ge* Gehirnganglion; *Gi* Giftdrüse; *Go* Gonaden; *Ln* Lateralnerv; *Md* Mitteldarm; *Mö* Mundöffnung; *Pneph* Protonephridium; *R* Rüssel; *Rg* Rückengefäß; *Rö* Rüsselöffnung; *Rsch* Rüsselscheide; *Sg* Seitengefäß; *St* Stilett.

b) Blutgefäßsystem

Die Schnurwürmer besitzen im Gegensatz zu den bisher besprochenen „Würmern" ein Blutgefäßsystem aus zwei lateralen, sich vorn und hinten vereinigenden Längsstämmen, wozu noch ein Dorsalgefäß kommen kann. Die Gefäßwände sind kontraktil, das Blut strömt im Rückengefäß von hinten nach vorn, in den Seitengefäßen umgekehrt. Das Blut kann farblos oder gefärbt sein und enthält bei manchen Arten Hämoglobin in roten Blutkörperchen. Die Atmung erfolgt duch die Haut.

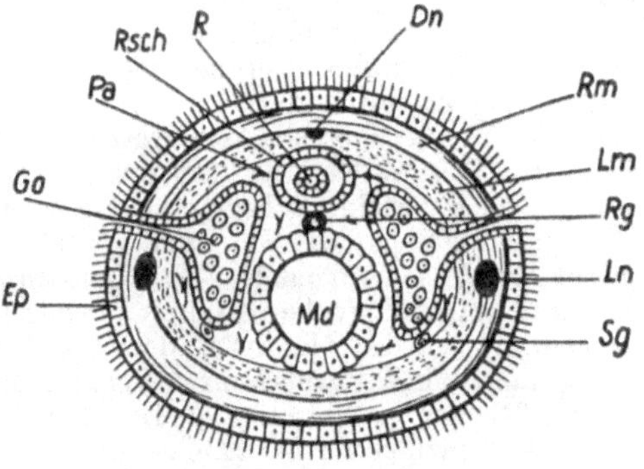

Abb. 20. Schematischer Querschnitt eines Schnurwurms. Nach Stempell. — *Dn* Dorsalnerv; *Ep* Epithel der Haut; *Go* Gonaden; *Lm* Längsmuskeln; *Ln* Lateralnerv; *Md* Mitteldarm; *Pa* Parenchym; *Sg* Seitengefäß; *R* Rüssel; *Rg* Rückengefäß; *Rm* Ringmuskeln; *Rsch* Rüsselscheide.

c) Exkretionsorgane

Die Exkretionsorgane sind bei den Schnurwürmern von verschiedenem Bau. Es können Nephridialdrüsen sein, welche in ähnlicher Weise wie bei den Cephalopoden und Cranioten in Verbindung mit den lateralen Blutgefäßen treten, indem Nebenästchen der beiden seitlich verlaufenden Exkretionsgefäße in die Wand der Blutgefäße eindringen oder sie umspinnen. Allerdings gilt diese enge Verbindung nur für marine Arten, bei Land- und Süßwasserarten sind Protonephridien wie bei Strudelwürmern vorhanden. In ihnen und in den Zellen der Exkretionskanäle findet die Exkretion statt. Echte Nephridien hat *Cephalotrix.*

6. Geschlechtsorgane

Die meisten Nemertinen sind getrenntgeschlechtlich. Die Gonaden liegen in der Regel zwischen den Darmtaschen, sie sind sack- oder bohnenförmig und münden auf dem Rücken oder an den Seiten. Für einige Arten konnte eine äußere Befruchtung beobachtet werden, indem die Männchen ihr Sperma über die abgelegten Eier ergossen, bei anderen dringt es in die Ovarien ein, auch Selbstbefruchtung kommt vor. Die meisten Arten sind ovipar, manche *Lineus-*, *Prostoma-* und *Geonemertes-*Arten sind vivipar. Die Eier werden meist in Ballen oder Schnüren abgelegt. Die Entwicklung beginnt mit totaler Teilung nach dem Spiraltypus, das Entoderm entsteht durch Invagination, das Mesoderm aus zwei Urmesodermzellen. In diesem Stadium schlüpft die pelagisch lebende Larve der Heteronemertinen als Pilidium in der Gestalt eines Fechterhutes mit einer Wimperschnur und einer Scheitelplatte mit Geißel aus. Die wurmförmige Desorsche Larve mit gleichmäßig bewimperter Oberfläche verläßt die Eihülle nicht. Der Nemertinenkörper wird durch drei paarige und eine unpaare ektodermale Einstülpung (Embryonalscheiben) angelegt, die ein Amnion um den Embryo bildet. Ein After fehlt dem Pilidium. Direkte Entwicklung haben die Hoplonemertinen und *Malacobdella.*

Die Schnurwürmer, etwa 1000 Arten, leben vorwiegend im Meer, meist litoral zwischen Algen, unter Steinen und im Bodengrund. Die schwimmenden Formen sind meist auffallend verbreitert. Eine Anzahl von Nemertinen findet sich im Süßwasser und unter Laub und Holz in den Tropen. Die Färbung ist oft der Umgebung angepaßt. Zwei *Amphiporus-*Arten bauen ein Nest für die Eier. Nur wenige Arten sind Parasiten, z.B. *Carcinonemertes*, einige, z.B. *Malacobdella*, Kommensalen in Muscheln und Schnecken.

System

I. Unterklasse: *Anopla*

Mund hinter dem Gehirn, Rüssel ohne Stilett, Zentralnervensystem in der Körperwand.

1. Ordnung: *Palaeonemertini*

Ohne Rückengefäß.

2. Ordnung: *Heteronemertini*

Stets mit Rückengefäß. – *Lineus, Cerebratulus.*

II. Unterklasse: *Enopla*

Mund vor oder unter dem Gehirn, Rüssel meist mit Stilett, ZNS unter dem Hautmuskelschlauch.

3. Ordnung: *Hoplonemertini*

Rüssel mit Stilett, Rückengefäß meist vorhanden. *Pelagonemertes, Amphiporus, Prostoma.*

4. Ordnung: *Bdellomorpha*

Rüssel ohne Stilett, Darm geschlängelt, am Hinterende des Körpers eine Sauggrube. – *Malacobdella* in der Mantelhöhle mariner Muscheln und der Lungenhöhle von *Chilina.*

Die systematische Stellung der Schnurwürmer ist noch umstritten, sie werden von manchen Forschern als Verwandte der Turbellarien angesehen und zu den Plattwürmern gerechnet. Es bestehen gewisse Übereinstimmungen in der Ontogenie (Ähnlichkeit mit der Larvenform der Polycladen) und Morphologie (z.B. Vorhandensein eines im Prinzip gleichgebauten Rüssels bei den *Tetrarhynchidea*). Andererseits zeigen das geschlossene Blutgefäßsystem, die Lage des Gehirns, der dorsale Nerv und das Amnion der Pilidiumlarve merkwürdige Beziehungen zu viel höher stehenden Tieren.

7. STAMM:

KAMPTOZOEN *(Kamptozoa, Entoprocta)*

Die Entoprokten bilden eine kleine Tiergruppe (etwa 20 Arten), die früher wegen ihrer großen Ähnlichkeit mit Bryozoen im System zu ihnen gestellt wurde. Sicheres

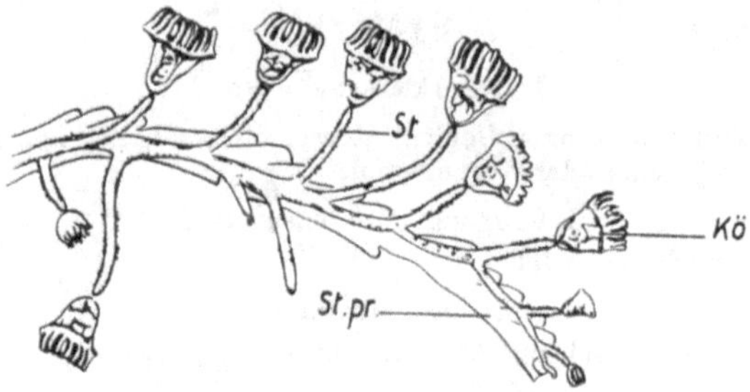

Abb. 21. Eine Kolonie des Kamptozoons Pedicellina cernua. Nach Cori. — *Kö* Köpfchen; *St* Stiel; *St.pr.* Stolo prolifer.

über ihre Verwandtschaft zu anderen Gruppen ist nicht bekannt (Abb. 21, 22). Es sind einzeln oder in Kolonien lebende Tiere, die in ihrer Form einem gestielten Weinglas gleichen. Der Kelch (Calix) enthält die wesentlichen Organe des Tieres und ist durch einen muskulösen Stiel mit der Unterlage verbunden. Die Oberseite des Kelches (Atrium), die morphologisch der Ventralseite des Tieres entspricht, ist von einem Kranz von Tentakeln (8 bis 24) umgeben, die an ihrer Innenseite bewimpert sind, durch einen Wasserstrom die Atmung und Ernährung besorgen und die Nahrung in einer Rinne dem Mund zuführen. Das Atrium hat vier Öffnungen, den

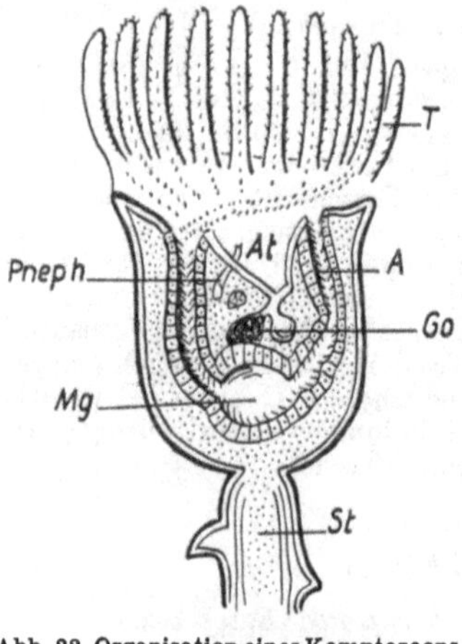

Abb. 22. Organisation eines Kamptozoons. Nach Remane. — *A* Enddarm und After; *At* Atrium (eingesenkte Bauchfläche); *Go* Gonaden; *Mg* Magen; *Pneph* Protonephridium; *St* Stiel; *T* Tentakel.

Mund, der in einen hufeisenförmigen, bewimperten Darm führt, den Exkretionsporus des wie der Darm im Kelch liegenden Protonephridiums, den Genitalporus als Öffnung der einfachen Gonade, und den After. Er liegt also im Gegensatz zu den Bryozoen im Tentakelkranz. Das einzige Ganglion entspricht dem Unterschlundganglion, von ihm gehen Nerven zu den Tentakeln, zum Stiel usw. Ein Zölom fehlt. Außer an den Tentakeln und am Atrium bildet die Epidermis eine Kutikula, in der Basis des Stiels liegt eine Klebdrüse. Die Entoprokten sind meist getrenntgeschlechtlich. Die Befruchtung ist innerlich, die Embryonen wachsen in einem vom Epithel des Atriums gebildeten Brutraum heran.

Die Furchung ist total-inäqual, es bildet sich eine Invaginationsgastrula, aus zwei Urmesodermzellen gehen Mesodermstreifen hervor. Die Larve ist eine umgewandelte Trochophora; s. S. 83. Nach kurzer freischwimmender bzw. kriechender *(Loxosoma)* Phase heften sich die Larven fest und verwandeln sich in das adulte Tier. Außer dieser geschlechtlichen Fortpflanzung findet sich ungeschlechtliche durch Knospung wie bei Bryozoen, entweder am Stiel oder aus dem Stolo, der als fadenförmiger Fortsatz aus jenem entspringt, sich der Unterlage anschmiegt und auf ihr verzweigt. *Loxosoma* bildet Knospen am Kelch, die sich ablösen. *Urnatella* vermehrt sich nur durch Knospung. Bei mechanischer Reizung führt mit gleichzeitigem Einschlagen der Tentakel der Stiel eine Beugung aus. Die Nahrung besteht aus Kleinplankton und Detritus, fast alle Arten sind marin.

Die einzelnen Tiere sind nur 0,5 bis 1,0 mm groß.

1. Ordnung: *Entoprocta Solitaria*

Einzellebend als Epöken. *Loxosoma.*

2. Ordnung: *Entoprocta Sociales*

In Kolonien auf verschiedenen Substraten. *Pedicellina, Barentsia, Urnatella* (im Süßwasser).

Priapuliden *(Priapulida)*

Eine aus vier Arten bestehende Gruppe von marinen „Würmern“ mit noch fraglicher Stellung.

Der zylindrische Körper ist ein Schlauch, dessen vorderer Teil („Rüssel") ein- und ausstülpbar ist, und an dessen hinterem Teil der After liegt. *Priapulus caudatus* hat außerdem einen kontraktilen Schwanzanhang, *Pr. bicaudatus* zwei; die bläschenförmigen Ausstülpungen des Schwanzes scheinen Atmungsorgane zu sein. Der größere Rumpfteil zeigt zirkuläre Furchen mit Papillen, die Tastorgane (Drüsen?) sind. Unter der Kutikula und Hypodermis liegt der Hautmuskelschlauch mit äußeren Ring- und inneren Längsmuskeln, besondere Muskeln bewegen den Rüssel. Das Nervensystem besteht in der Hauptsache aus einem Schlundring und einem bis zum After ziehenden Bauchstrang, beide liegen dicht unter der Haut. *Halicryptus* hat auch ein Nervengeflecht unter der Hypodermis. Der Muskelschlauch umschließt eine einheitliche Leibeshöhle (Zölom?), die Fortsätze in Kanäle des Rüssels und in die Schwanzanhänge erstreckt. Die Leibeshöhle enthält Flüssigkeit und Zellen und dürfte die Funktion der fehlenden Blutgefäße erfüllen. Der Darmkanal verläuft gerade von dem im Rüssel gelegenen und mit Chitinzähnen versehenen Mund und Schlund bis zum After. Die Exkretionsorgane sind mit den Gonaden zu Urogenitalschläuchen verbunden, erstere beginnen mit Solenocyten, s. S. 16, letztere entleeren die Keimstoffe in die neben dem After in paarigen Öffnungen endenden Urogenitalschläuche. Die Zahl dieser Organe beträgt ein bis vier Paar. Die Priapuliden sind getrenntgeschlechtlich, von *Halicryptus* ist eine Larve mit einer dorsalen und ventralen, seitlich verbundenen Schale bekannt.

Die Priapuliden leben im Schlamm von Algen und Detritus. *Priapulus*, bis 8 cm lang, *Halicryptus*.

8. STAMM:

RINGELWÜRMER *(Annelida)*

„Würmer" mit echter, auf der Ausbildung eines Zöloms aus gleich gebauten, hintereinander liegenden Teilstücken beruhender Segmentierung. Nervensystem aus einem Gehirn, Schlundring und einem bzw. zwei von Paaren ventralen Längsnerven, meist in Form einer Bauchganglienkette bestehend. Darm mit After, Blutgefäßsystem vorhanden, mit Nephridien als Exkretionsorganen und vom Zölomepithel gebildeten Gonaden. Die Furchung verläuft nach dem Spiraltypus, die Entwicklung ist direkt oder indirekt, die Larvenform die Trochophora (Lovénsche Larve) (Abb. 23, 24).

Nicht alle der hier genannten Merkmale sind stets vorhanden, die Segmentierung kann undeutlich sein oder fehlen, z. B. bei den *Echiurida* und *Sipunculida*, das Zölom durch Parenchym sekundär verdrängt sein *(Hirudinea)*, das Blutgefäßsystem kann fehlen, gelegentlich finden sich auch Protonephridien.

Der Körper der Ringelwürmer ist meist lang, im Querschnitt rund oder dorsoventral abgeflacht, eine äußere Gliederung (Ringelung) durch innere Segmente oder Metameren meist deutlich erkennbar; bei den Egeln entspricht die äußere Ringelung nicht der inneren Segmentierung, sie kann auch fehlen; s. oben. Die Metamerie kann sich auf alle Glieder in gleicher Weise erstrecken (homonome M.), oder durch die Ausbildung verschieden gestalteter Körperabschnitte eine heteronome M. sein. Im Gegensatz zum Rumpf sind das Vorderende, der Kopfabschnitt mit dem zweiten Segment (Metastomium), das einen Kopflappen (Prostomium) besitzt, und das Analsegment (Pygidium) gebildet, ersteres hat ventral die Mundöffnung, letzteres den After. Der Körper ist meist mit Anhangsgebilden verschiedener Art und Form versehen, mit Palpen, Cirren, Tentakeln (Abb. 25), Borsten und Parapodien (Fußstummel) (Abb. 26). Letztere sind bezeichnend für die Polychaeten; es sind in typischer Ausbildung seitliche Aussackungen der Körperwand mit einem dorsalen Ast (Notopodium) und einem ventralen Ast (Neuropodium), die von einer gemeinsamen Basis ausgehend oder getrennt sein können. Zu einem vollständigen Parapodium, z. B. der *Nereidae*, gehören ein oder zwei Bündel von Stützborsten (Aciculae), ein dorsaler und ventraler, mit Sinnesorganen versehener Tastanhang (Cirrus) und ein dorsaler Kiemenanhang. Besonders breite und flache, den Rücken bedeckende Cirren heißen Elytren, z. B. bei den *Aphroditidae.* Im einzelnen können die Parapodien sehr verschieden sein, so haben schwimmende Formen blattförmige Rudercirren, die Kiemen können fehlen. Die Parapodien sind bei kriechenden Formen stärker als bei im Schlamm lebenden, z. B. *Arenicola. Terebella, Serpula* und ihre Verwandten haben statt des zentralen Astes nur einen senkrechten breiten Wulst (Torus). Jedes Segment hat nur ein Paar Parapodien. Der Kopflappen trägt als Sinnesorgane außer Augen als chemische Sinnesorgane dienende Wimpergruben, Tentakel und Palpen. Letztere sind bei den *Sabellidae* und *Serpulidae* ein Paar seitliche Lappen

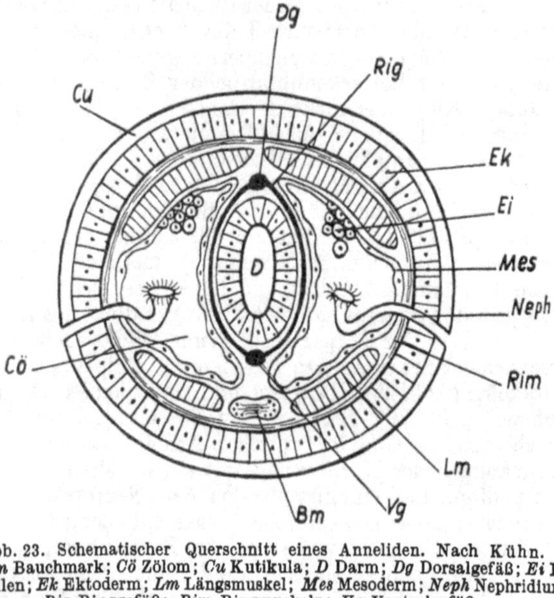

Abb. 23. Schematischer Querschnitt eines Anneliden. Nach Kühn. — *Bm* Bauchmark; *Cö* Zölom; *Cu* Kutikula; *D* Darm; *Dg* Dorsalgefäß; *Ei* Eizellen; *Ek* Ektoderm; *Lm* Längsmuskel; *Mes* Mesoderm; *Neph* Nephridium; *Rig* Ringgefäß; *Rim* Ringmuskeln; *Vg* Ventralgefäß.

mit vielen bewimperten Anhängen, die einen Kranz von Fangfäden, die Tentakelkrone, bilden. Bei den *Serpulidae* ist der erste dorsale Strahl dieses Kranzes am Ende verdickt als Verschluß der Wohnröhre, bei *Spirorbis* dient er als Brutraum.

1. Haut und ihre Gebilde

Bezeichnend sind für viele Anneliden Borsten (Chaetae), die in einer ektodermalen Borstentasche gebildet werden; sie sind sehr verschieden in ihrer Form (einfach oder zu-

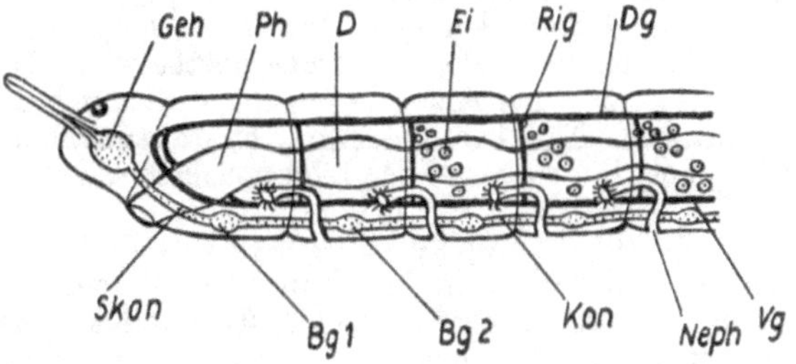

Abb. 24. Schema des Baues eines Anneliden, Seitenansicht. Nach Kühn. — *Bg 1*, *Bg 2* die beiden ersten Ganglienpaare des Bauchmarks; *D* Darm; *Dg* Dorsalgefäß; *Ei* Eizellen; *Geh* Gehirn; *Kon* Konnektiv; *Neph* Nephridium; *Ph* Pharynx; *Rig* Ringgefäß; *Skon* Schlundkonnektiv; *Vg* Ventralgefäß.

sammengesetzt), Zahl und Anordnung. Sie können um Stützborsten angeordnet in Bündeln in den Parapodien stehen (Polychaeten) oder ohne solche in Gruppen (Oligochaeten) oder einzeln *(Echiurus)*. Die Haut besteht aus einer Kutikula und dem darunter befindlichen, einschichtigen Epithel (Hypodermis) und einer Basalmembran. Bewimperung findet sich vor allem bei Archianneliden sowie in einer ventralen Flimmerrinne der *Serpulimorpha*, die als Kotrinne die Faeces aus der Wohnröhre befördert, und bei den letzteren auch an den Fäden der Tentakelkrone. Ferner enthält die Haut zahlreiche Drüsen, die besonders in der Geschlechtsregion der *Clitellata* einen Wulst (Gürtel, Clitellum) bilden, bei vielen Polychaeten als Spinndrüsen das Material zum Bau der Röhren liefern.

2. Muskulatur

Der Hautmuskelschlauch bewirkt die Bewegung und durch seinen Tonus die nötige Festigkeit des Körpers bei in Schlamm und Erde wühlenden Arten. Er ist meist zweischichtig, aus einer peripheren Ringmuskelschicht und einer inneren, im Querschnitt in vier Bändern angeordneten Längsmuskelschicht bestehend; dazu können diagonale, dorsoventrale, transversale und spezielle Muskeln mancher Organe kommen. Nur in wenigen Fällen sind die Muskelfasern einiger Organe quergestreift. Die kriechende oder schlängelnde Bewegung wird durch die antagonistische Tätigkeit der den Körper streckenden Ring- und der ihn verkürzenden Längsmuskeln erzielt.

3. Nervensystem, Sinnesorgane

Ersteres wird von einem dorsal über dem Vorderdarm meist im Prostomium liegenden Gehirn (Cerebralganglion) und der mit ihm durch eine Schlundkommissur verbundenen, aus zwei ventralen Längsstämmen bestehenden, Bauchganglienkette gebildet, in der in jedem Segment ein Ganglienknoten liegt. Beide Längsstränge können zu einem Bauchmark verschmelzen, es gibt aber auch Formen mit einem Ventral- und Lateralnervenpaar *(Amphineuridae)*. Durch Kommissuren zwischen den Bauchganglien entsteht die Form des Strickleiternervensystems. Ganglien können auch verschmelzen, z.B. zum Unterschlundganglion. Periphere Nerven gehen vom Gehirn zu den Sinnesorganen des Kopfes und als sympathisches System zu den Verdauungsorganen, von den Ganglien der Bauchkette zu den Parapodien. Infolge seines Ursprungs vom Ektoderm liegt das Nervensystem bei manchen Anneliden (einzelne *Archiannelida*, manche *Syllididae* und *Spionidae*) in der Haut, bei den meisten in der Leibeshöhle.

Sinnesorgane finden sich bei Ringelwürmern in verschiedener Form, als Sinneshärchen oder Tastborsten besonders am Kopf und seinen Anhängen, als Wimpergruben, die den Wimpergrübchen der Strudelwürmer und den Cerebralorganen der Schnurwürmer entsprechen und dem chemischen Sinn dienen, schließlich als Lichtsinnesorgane. Sie stehen zu zwei oder vier meist am Kopf und können invertierte Pigmentbecherozellen (s. S. 13), Gruben- oder Blasenaugen, selbst hochentwikkelte Kameraaugen mit Linse *(Alciope)* sein, bei *Sabella* und *Branchiomma* einfache Ommatidien wie bei Arthropoden.

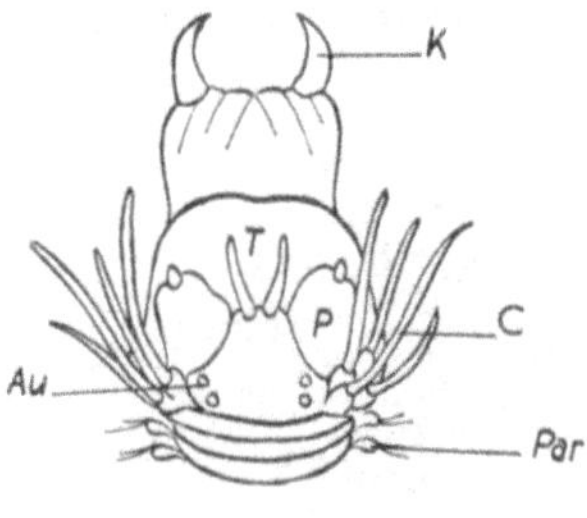

Abb. 25. Kopf einer Nereis mit ausgestülptem Schlundkopf. Nach Hertwig. — *Au* Augen; *C* Cirren; *K* Kiefer; *P* Palpen; *Par* Parapodien; *T* Tentakel.

4. Stoffwechselorgane

a) Ernährungssystem, Zölom

Der Verdauungsapparat ist in der Regel ein gerades, den Körper durchziehendes Rohr, an dem sich Vorder-, Mittel- und Enddarm unterscheiden lassen. Zum Vorderdarm gehören ein muskulöser, meist vorstülpbarer Pharynx, oft in einer Scheide, der mit chitinigen Kiefern bewaffnet sein kann, und der Oesophagus; auch Speicheldrüsen kommen vor, z. B. bei den Kieferegeln. Der entodermale Mitteldarm ist meist ein einfaches Rohr, bei vielen Hirudineen mit großen paarigen, segmental angeordneten Blindsäcken (Vorratsmagen), ähnlich bei *Aphroditidae.* Ein Nebendarm oder Darmwindungen sind selten. Die *Lumbricidae* haben eine dorsale, der Vergrößerung der Darmfläche dienende Falte (Typhlosolis). Der wie der Vorderdarm ektodermale Enddarm ist in der Regel ohne Anhänge. Er kann bewimpert und durch Wasseraufnahme zur Atmung befähigt sein, der After liegt meist terminal.

Zwischen Hautmuskelschlauch und Darm liegt die Leibeshöhle, ein aus den Mesodermstreifen entstandenes echtes Zölom (sekundäre Leibeshöhle). Jedes Segment hat einen rechten und linken Zölomsack mit einem, dem Hautmuskelschlauch anliegenden parietalen Blatt des Peritonaeums (Somatopleura) und einem, den Darm überziehenden viszeralen Blatt (Splanchnopleura). Dorsal und ventral vom Darm bildet letzteres in der Mitte die den Darm haltenden Mesenterien. An den vorderen und hinteren Flächen der Zölomsäckchen entstehen durch ihre Berührung die senkrechten Scheidewände (Septen, Dissepimente) zwischen den Metameren, die vom Darm, Blutgefäßen und Nephridien durchbrochen werden. Prostomium und Pygidium haben kein Zölom.

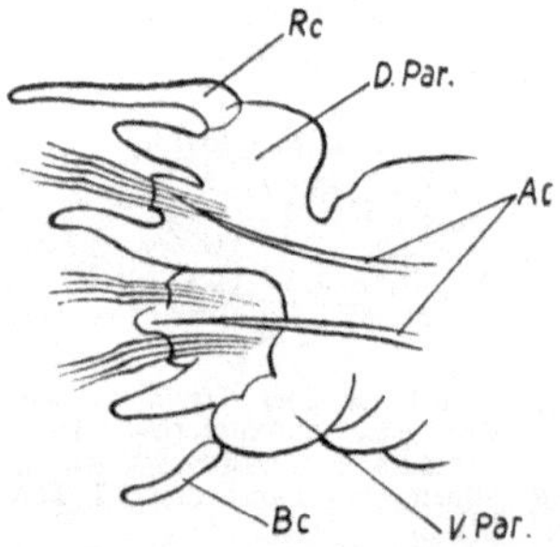

Abb. 26. Parapodium von Nereis. Nach Claus-Grobben. — *Ac* Aciculae; *Bc* Bauchcirrus; *D.Par.* Dorsaler Ast des Parapodiums; *Rc* Rückencirrus; *V.Par.* ventraler Ast des Parapodiums.

Selten ist diese Segmentierung streng durchgeführt, trotzdem wird aber von homonomer S. gesprochen, wenn nicht große äußerliche Unterschiede des Rumpfes vorhanden sind (heternonome S.). Das Epithel des Peritonaeums kann sich in Zellmassen umwandeln, die sich mit Stoffwechselschlacken füllen, und zu Chloragogenzellen bzw. bei Egeln zum Botryoidalgewebe werden. Bei letzteren ist das Zölom unter Auflösung der Septen durch reichliches Parenchym zu einem Lakunen- und Kanalsystem rückgebildet, das mit den Blutgefäßen in Verbindung tritt bzw. sie ersetzt. Im Zölom befindet sich Zölomflüssigkeit (Lymphe) und zellige Körperchen (Zölomocyten), die amöboid bewegliche Amöbocyten, Lymphocyten oder Leukocyten sein können. Bei Formen ohne Blutgefäßsystem übernimmt die Lymphe seine Funktion.

b) Atmungsorgane

Eigentliche Atmungsorgane fehlen oft, an ihre Stelle tritt die respiratorische Tätigkeit der Haut durch Blutkapillaren; bei vielen Polychaeten entwickeln sich an den dorsalen Parapodien Ausstülpungen der Haut zu Kiemen, auch einige *Clitellata* besitzen solche. Die Möglichkeit der Darmatmung wurde schon erwähnt.

c) Blutgefäßsystem

Ein geschlossenes, vorwiegend der Respiration dienendes Blutgefäßsystem ist meist vorhanden. Bei typischer Ausbildung findet sich ein über dem Darm verlaufendes, kontraktiles Rückengefäß, in dem das Blut von hinten nach vorn fließt, ferner ein zwischen Darm und Bauchmark liegendes, ventrales Gefäß mit von vorn nach hinten gehender Strömung, schließlich intersegmentale, paarige, beide Gefäße verbindende Ringgefäße. Sie können auch kontraktil sein, z.B. bei Lumbriciden, und heißen dann „Herzen". Dazu kommt oft ein Darmblutsinus, der gleichfalls mit beiden Längsgefäßen verbunden ist, die ihrerseits vorn und hinten durch paarige Gefäßbögen ineinander übergehen. Weitere Gefäße gehen zu Parapodien und Kiemen. Blutzellen können vorhanden sein, oft finden sich gelöste Atmungsfarbstoffe, so Hämoglobin bei *Lumbricus*, *Hirudo*, grüne Farbstoffe bei Chloraemiden, Sabelliden und Serpuliden.

d) Exkretionsorgane

Die Larven und einzelne Archianneliden und Polychaeten haben Protonephridien mit blindgeschlossenen Terminalorganen, meist Röhrenzellen (Solenocyten), in deren Kanal eine Geißel schwingt. Sonst sind für die Ringelwürmer Nephridien (Metanephridien) typisch oder Organe, die aus ihnen entstanden sind (bei *Clitellata*). Jedes Nephridium beginnt mit einem offenen Wimpertrichter (Nephrostom) im Zölom. Wenn Septen vorhanden sind, werden sie von den Nephridien durchbohrt, die sich hinter den Septen fortsetzen, um sich im nächsten

Segment, oft zu einer Harnblase erweitert, mit einem Porus (Nephroporus) zu öffnen. Es läßt sich also ein kleinerer, präseptaler, und ein größerer, postseptaler Abschnitt an jedem Nephridium unterscheiden, und jedes gehört zwei Segmenten an (Segmentalorgane). Ursprünglich waren sie wohl in allen Rumpfsegmenten vorhanden, sind aber meist auf bestimmte Körperteile beschränkt; andererseits kann ein Segment mehrere Nephridien enthalten oder können mehrere Nephridien durch gemeinsame Ausführungsgänge verbunden sein.

5. Geschlechtsorgane

Unter den Ringelwürmern sind einzelne Archianneliden und Polychaeten sowie alle *Clitellata* zwittrig, die übrigen getrenntgeschlechtlich. Eigentliche Zwitterdrüsen sind selten, meist haben die Zwitter räumlich getrennte Gonaden. Äußere Geschlechtsmerkmale kommen kaum vor, jedoch ist die Farbe der Gonaden in beiden Geschlechtern einer Art verschieden. Die Keimdrüsen liegen in der Regel im Zölomepithel, paarweise in zahlreichen oder wenigen Segmenten, ersteres ist der Fall bei manchen Archianneliden und Polychaeten, letzteres die Regel bei den Clitellaten. Die Genitalzellen fallen in das Zölom, nur selten werden sie durch Bersten der Leibeswand frei; meist sind entweder eigene Genitalausführungsgänge mit Genitaltrichtern (Gonostome) vorhanden oder nephridiale, durch die Verbindung von Gonostomen mit Nephridien entstandene Nephromixien, die die Keimstoffe ausleiten. Die Befruchtung ist bei den meisten Polychaeten und Archianneliden eine äußere, einige Formen beider Gruppen haben Begattungsorgane (Penis), ebenso wie ein Teil der Clitellaten. Auch Receptacula seminis kommen vor. Innere Befruchtung haben die Formen mit Penis und alle Clitellaten, sie ist bei Zwittern wechselseitig. Die Eier werden oft in Form von Laichballen oder zu mehreren gemeinsam in einem Kokon abgelegt.

Da die Regenerationsfähigkeit vieler Anneliden groß ist,

kommt auch ungeschlechtliche Vermehrung vor, über die im speziellen Teil Näheres gesagt wird, s. S. 86.

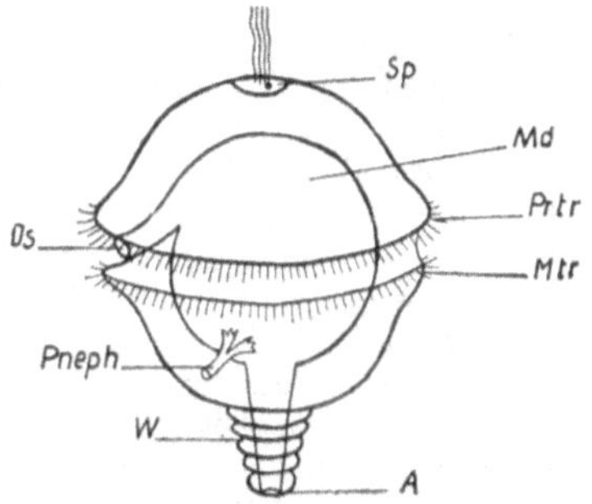

Abb. 27. Trochophoralarve, schematisch. Nach v. Lengerken. — *A* After; *Md* Mitteldarm; *Mtr* Metatroch; *Os* Mund; *Pneph* Protonephridium; *Prtr* Prototroch; *Sp* Scheitelplatte mit Auge und Wimperschopf; *W* in Bildung begriffener Wurmkörper.

Die Entwicklung beginnt bei allen Ringelwürmern mit einer Spiralfurchung unter Abschnürung von Zellquartetten. Bei den meisten Archianneliden und Polychaeten entsteht eine pelagische Larve, die Trochophora (Abb. 27). Sie ist ein eiförmiger oder länglicher Körper mit einem vor dem ventralen Mund gelegenen, präoralen Wimperkranz (Prototroch) und einem hinter ihm liegenden, postoralen Wimperkranz (Metatroch), häufig noch mit einem präanalen Paratroch vor dem terminalen After. Die von den beiden zuerst genannten Wimperkränzen begrenzte, adorale Zone trennt die Episphäre mit einer bewimperten mit Sinnesorganen versehenen Scheitelplatte von der Hyposphäre. Ein ektodermaler Vorder- und Enddarm und ein mesodermales Mesenterum sind vorhanden sowie zwei Protonephridien, dazu kommen Nerven, Muskeln und ein Mesenchym. Nach der Art der Wimperung werden verschiedene Formen von Trochophoralarven unterschieden. Im präanalen Teil liegen die Urmesodermzellen, aus denen zugleich mit einer Verlängerung dieses Teiles zur Rumpfanlage Mesodermstreifen und später Zölomsäckchen hervorgehen. Die Larven mit beginnender Metamerie heißen Metatrochophora. Ein späterer Larvenzustand mancher Polychaetenfamilien mit Parapodien nach Verlust der Wimperkränze wird als Nectochaeta bezeichnet, Mitraria ist die Larve der *Maldanidae* mit großen, skiförmigen Schwimmborsten. Bei der Metamorphose von der Trochophora zum Ringelwurm werden unter Verlust des übrigen Larvenkörpers die Episphäre als Kopfkeim und die Hyposphäre als Rumpfkeim übernommen, erstere bildet das Prostomium mit dem Cerebralganglion, letztere den Wurmkörper. Die larvalen Nieren gehen verloren und der Darm wird umgebaut. Die Trochophora ist die kennzeichnende Larvenform der *Protostomia*, sie hat Ähnlichkeit mit der Protrochula und mit der Gattung *Trochosphaera*. Den gleichen Furchungstypus haben außer den hier unter Anneliden besprochenen Gruppen noch die Turbellarien, Nemertinen und Mollusken, die zusammen als die Gruppe der *Spiralia* bezeichnet werden können. Die Entwicklung der Clitellaten ist direkt.

1. Klasse:

BORSTENWÜRMER *(Polychaeta)*

Anneliden mit deutlich metamer gegliedertem Körper, oft an allen Rumpfsegmenten mit ein- oder zweiästigen Parapodien und Kiemen, mit Bündeln einfacher oder zusammengesetzter Borsten in den Parapodien oder Borstenreihen auf einem Wulst oder Borstenhaken. Vorderdarm oft mit chitinigen Kiefern. Nervensystem meist frei in der Leibeshöhle. Blutgefäßsystem selten fehlend, Exkretionsorgane meist Metanephridien, Gonaden der in der Regel diözischen Polychaeten metamer angeordnet. Entwicklung in der Regel mit Trochophora, zuweilen auch ungeschlechtliche Fortpflanzung.

Vorwiegend marine Würmer mit kriechender oder schwimmender Lebensweise oder sedentär in Gängen und Röhren lebend. Die Polychaeten sind teils räuberische, teils von Schlamm und Detritus sich ernährende „Würmer", einige sind Kommensalen und Parasiten.

Die Größe der Arten schwankt von 1 mm *(Spirorbis malardi)* bis 3 m *(Eunice gigantea)*. Die Höchstzahl der Segmente ist 700 bis 800. Die Wachstumszone liegt in der

Regel vor dem Analsegment. Am Kopflappen befinden sich die Sinnesorgane. Das den Mund enthaltende zweite Segment heißt Metastomium. Während die frei beweglichen Borstenwürmer homonom gegliedert sind, lassen sich bei den Sedentariern oft zwei deutlich verschiedene Regionen am Rumpf erkennen, Thorax und Abdomen (heteronome Segmentierung). Viele Formen dieser Gruppe haben kurze kräftige Haken oder Borstenhaken (Uncini).

Das Nervensystem der Polychaeten rückt bei vielen Formen in die Tiefe und liegt meist frei in der Leibeshöhle. Das Cerebralganglion zeigt eine höhere Entwicklungsstufe als bei den noch zu besprechenden Archianneliden, es kann Pilzkörper (Corpora pedunculata) haben, die Assoziationszentren sind, so daß manche Arten dressurfähig sind und psychische Fähigkeiten beobachtet wurden, die die anderer niederer Tiere überragen mit Ausnahme der Cephalopoden. Statische Sinnesorgane kommen vor allem bei im Sand grabenden und in festen Röhren lebenden Arten vor, sie dienen dem Geotropismus. Merkwürdigerweise fehlen sie den besten Schwimmern, z.B. den Alciopiden und Euniciden. Lichtsinnesorgane finden sich nicht nur am Kopf, sondern auch an anderen Segmenten. Kiemenaugen haben die Sabelliden und Serpuliden. Die besten Augen mit Linse und Ganglion opticum und die Fähigkeit zu akkommodieren haben die Alciopiden. Röhrenwürmer ziehen sich auf Lichtreize oder Beschattung blitzschnell in ihre Röhren zurück. Ein Blutgefäßsystem fehlt nur wenigen Familien, manche Arten haben sogar Hämoglobin in roten Blutkörperchen.

Die Gonaden der Polychaeten bilden sich wie bei den Archianneliden erst bei der Geschlechtsreife. Es ist anzunehmen, daß sie nicht aus Zellen des Peritonaeums, sondern aus Urgeschlechtszellen hervorgehen.

Parthenogenese kommt bei *Dodecaceria concharum* vor, einige Arten verschiedener Gattungen sind lebendgebärend. Bei manchen *Nereis*-Arten wurde beobachtet, daß der von den reifen Eiern der Weibchen ausgehende Reiz die Männchen zur Abgabe des Spermas veranlaßt, worauf dann das im Wasser schwimmende Sperma die Eiablage auslöst.

Eine merkwürdige Erscheinung in der Fortpflanzung vieler Polychaeten ist die Epitokie. Eine Vorstufe dazu findet sich beim Palolowurm *(Eunice viridis)*, dessen geschlechtsreifes, schwimmfähiges Hinterende abreißt, während das Vorderende in den Korallenfelsen zurückbleibt. Bei einer Anzahl von Familien (meist *Errantia*, von den *Sedentaria* bei den *Cirratulidae*) geht mit den, die Geschlechtsprodukte enthaltenden Segmenten (epitoker Teil des Körpers) eine Umwandlung vor, die das Tier zum Schwimmen befähigt. Die Parapodien werden größer, der epitoke Teil breiter und flacher, am vorderen atoken Teil vergrößern sich die Augen und Tentakel. Zugleich werden im epitoken Teil der Darm und die Muskeln rückgebildet. Bei dem japanischen Palolo, *Ceratocephale osawai*, ist das Vorderteil epitok und schwimmt, das atoke hintere bleibt im Bodenschlamm. Es kann sich bei epitoken Arten sogar Geschlechtsdimorphismus ausbilden. Bei einigen Polychaeten kommt es zur Metagenese, indem eine Generation in der nicht umgewandelten Bodenform durch vegetative Vermehrung die folgende, epitoke, schwimmende, geschlechtliche Generation erzeugt. Bei einer *Platynereis* kann das gleiche Tier in beiden Formen geschlechtsreif sein (Dissogonie). Bei den Syllididen bilden sich an einem Tier mehrere epitoke Abschnitte mit Köpfen durch Teilungsvorgänge. Die in Schwämmen lebende *Syllis ramosa* hat laterale Sprossung, wahrscheinlich durch Regeneration nach Verletzungen. *Trypanosyllis* bildet am Hinterende ein Büschel von ungeschlechtlich entstandenen Tierketten. Das Vermögen zur Regeneration ist bei den Polychaeten sehr entwickelt, so können z. B. atoke Teile sich wieder ergänzen. Die Polychaeten sind fast sämtlich Bewohner des Wassers, vorwiegend des Meeres; *Lycastopsis* lebt im Sundaarchipel auf dem Land zwischen totem Laub an Wasserfällen, einige Nereiden in den Tropen an feuchten Stellen. Die meisten Arten finden sich im Litoral in Felsen, Sand und Schlamm, einige Familien sind pelagisch. *Marifuga cavatica* ist eine Serpulide in Höhlengewässern, *Manajunkia speciosa* im Baikalsee und in den Vereinigten Staaten.

Die Nahrung der Polychaeten besteht aus toten und lebenden Tieren, Schwebstoffen und Detritus. Die Bewegung ist kriechend oder schwimmend. Manche Formen können leuchten, indem Drüsen bei Anwesenheit von Sauerstoff ein leuchtendes Sekret ausscheiden. Die Farben sind oft sehr lebhaft, Schutzfarben nicht selten. Manche Gruppen leben in selbstgebauten Röhren. Zur Erleichterung der Fortpflanzung kann es zur Bildung von Schwärmen kommen. Bekannt, aber noch nicht eindeutig erklärt, ist das zeitliche Zusammentreffen solcher Schwärme mit bestimmten Mondphasen, am längsten vom Palolowurm der Südsee; auch andere Arten der Euniciden verhalten sich so. Kommensalen kommen gleichfalls vor (in Schwämmen, auf Molluskenschalen, Krebsen und Stachelhäutern), echte Parasiten sind selten. Zu ihnen gehören die scheibenförmigen, mit Stummelfüßen und Saugnäpfen versehenen Myzostomiden, die auf Crinoiden leben. Bekannt sind etwa 4000 Arten.

1. Ordnung: *Polychaeta Errantia*

Homonom segmentierte, meist freilebende räuberische Würmer mit wohlentwickelten Parapodien.

Aphrodite, Eunice, Nereis, Alciope, Tomopteris.

2. Ordnung: *Polychaeta Sedentaria*

Oft heteronom segmentiert, Parapodien schwächer ausgebildet. Im Sand und Schlamm wühlende oder in Röhren lebende Polychaeten, die Detritus und kleine Organismen fressen.

Arenicola piscatorum, Chaetopterus mit Leuchtvermögen. — *Branchiomma* mit Kiemenaugen. — *Spirographis, Serpula, Spirorbis.*

3. Ordnung: *Archiannelida*

Meist kleine, homonom segmentierte Anneliden, ohne Parapodien oder mit einfachen Fußstummeln, Borsten einfach oder fehlend, mit ventraler Bewimperung (außer *Polygordius)*, mit in der Haut liegendem Nervensystem, oft mit ventralem Schlundsack und Speicheldrüsen. Bei größeren Formen Metanephridien, bei kleineren Protonephridien. Das Blutgefäßsystem kann fehlen, Geschlechter getrennt, Entwicklung direkt oder mit Trochophora.

Die meisten Arten dieser Gruppe sind marine Tiere, im Sand, Kies und auf Algen lebend, die Nahrung besteht aus Algen und Detritus.

Es handelt sich wahrscheinlich um keine natürliche Gruppe, die nicht als Ausgangsform der Anneliden zu betrachten, sondern sekundär vereinfacht ist. Sie enthält 5 Familien mit zusammen etwa 50 Arten. Die Größe schwankt von 0,3 mm bis 10 cm.

Polygordius, *Protodrilus* (zwittrig?), *Nerilla*, *Dinophilus*, *Leucodinophilus* mit Zwergmännchen. — *Troglochaetus* im Süßwasser.

2. Klasse:

CLITELLATEN *(Clitellata)*

Anneliden ohne Parapodien, meist auch ohne Kiemen, Fühler und Zirren. Geschlechtsorgane zwittrig. Durch drüsige Umbildung des Hautepithels bildet sich an bestimmter Stelle des Körpers der Gürtel (Clitellum), der einen Kokon für die Eier liefert; Entwicklung direkt. Meist im Süßwasser und in der Erde.

1. Ordnung: *Oligochaeta*

Körper mehr oder weniger langgestreckt, gewöhnlich ohne Anhänge, im Querschnitt meist rund, mit segmental angeordneten Borsten. Mund meist vorn ventral, After terminal. Leibeshöhle wohl ausgebildet. Männliche Geschlechtsorgane stets vor den weiblichen, Gonaden meist nur ein bis zwei Paar.

Bezüglich der allgemeinen Merkmale muß wie für die Polychaeten auf den Abschnitt *Annelida* verwiesen werden; es sollen hier nur die speziellen geschildert werden.

Etwa 2600 Arten in der Größe von 0,44 mm bis 210 cm *(Rhinodrilus fafner)*. Der Körper ist deutlich segmentiert, die Zahl der Segmente meist innerhalb einer Art schwankend. Der Mund liegt ventral im Metastomium, meist von einem dorsalen Fortsatz desselben, dem Kopflappen (Prostomium), überragt. Am Hinterende nehmen die Segmente an Länge und Umfang ab, *Dero* hat an ihm Kiemen. Körperanhänge wie bei Polychaeten sind selten. Borsten sind fast stets vorhanden, häufig jederseits in einer dorsalen und ventralen Gruppe, bei manchen Oligochaeten kranzförmig um den ganzen Körper. Terrestrische Arten haben Rückenporen, aus denen Zölomflüssigkeit zum Schutz gegen Austrocknung entleert werden kann. Augen finden sich bei manchen Formen, z. B. ein Paar bei den *Naididae*. In der vorderen Körperhälfte haben geschlechtsreife Oligochaeten das Clitellum, eine drüsige, ein bis mehrere Segmente umfassende Umbildung der Hypodermis, außerdem bisweilen noch besondere Pubertätsorgane in Form von Papillen, Grübchen oder Wülsten. (Haftorgane bei der Kopula!) Stets liegen die Öffnungen der Gonaden im oder vor dem Clitellum.

Unter der Kutikula mit Schleim- und Sinneszellen liegt eine äußere Ring- und innere Längsmuskelschicht.

Im oberen Teil des Bauchstranges verlaufen bei den meisten Oligochaeten drei dickwandige Neurochord- oder Reisenfasern; die vordersten Ganglien des Bauchstranges bilden ein Unterschlundganglion. Tastorgane finden sich vor allem vorn, besonders am Kopflappen; *Lumbricus* hat lichtempfindliche Zellen in großer Anzahl in der Haut (dermatoptische Funktion). Als Sonderbildungen des Darmes haben manche Arten einen Muskelmagen und hinter ihm Chylustaschen (Kalkdrüsen, Morrensche Drüsen), die die Aufnahme des Chylus ins Blut erleichtern und deren Kalkkonkremente bei landbewohnenden Formen zur Neutralisation der an Humussäuren reichen Nahrung dienen dürften. Typhlosolis s. S. 79. Auf dem Darm liegen Chloragogenzellen, die von der Splanchnopleura, s. S. 80, gebildet werden und als Exkretspeicher dienen.

Das Blutgefäßsystem hat außer dem kontraktilen Rückengefäß oft noch pulsierende, zwischen ihm und dem Bauchgefäß verlaufende Lateralherzen. Häufig ist das Blut durch gelöstes Hämoglobin rot gefärbt. Die Atmung erfolgt fast stets durch die Haut.

Das Exkretionssystem besteht aus Segmentalorganen (Meganephridien)[1], bei manchen Formen kommen Mero-

[1]) Meganephridien zum Unterschied von den anders gestalteten Meronephridien.

nephridien vor, die sich zu mehreren bis vielen in einem Segment finden und winzige Zotten sind, die von einem unregelmäßigen intrazellulärem Kanal durchzogen werden und gegen das Zölom offen oder geschlossen sein können. Die Meronephridien können eine größere Anzahl von Nephroporen haben.

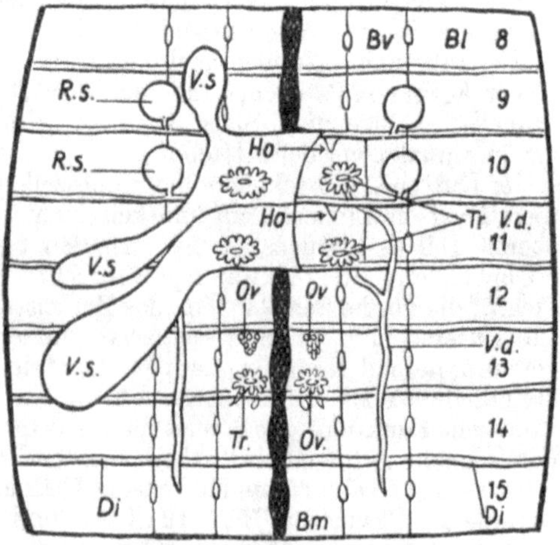

Abb. 28. Geschlechtssegmente des Regenwurms nach Entfernung des Darms. Nach Hertwig. — *Bl* laterale Borstenreihe; *Bm* Bauchmark; *Bv* ventrale Borstenreihe; *Di* Dissepiment; *Ho* Hoden; *Ov* Ovarium; *R.s.* Receptaculum seminis; *Tr. V.d.* Wimpertrichter des Vas deferens; *Tr.Ov.* Wimpertrichter der Ovarien; *V.d.* Vas deferens; *V.s.* Vesiculae seminalis; *8—15*: achtes bis fünfzehntes Körpersegment.

Die Gonaden der zwittrigen Oligochaeten liegen in der Zahl von ein bis zwei Paaren (selten mehr) in bestimmten Segmenten, die Hoden stets vor den Ovarien (Gegensatz zu *Hirudinea*) (Abb. 28). Die Keimstoffe entwickeln sich in ihrem zugehörigen Segment oder gelangen erst in Ausstülpungen der Septen des Gonadensegmentes, die sog. Samen- bzw. Eiersäcke. Die männlichen Ausführungsorgane haben die Form von Meganephridien mit einem

Samentrichter und einem dem Exkretionsgang entsprechenden Samenleiter, meist sind die Ausmündungen um mehrere Segmente hinter das Hodensegment verschoben. Eine Drüse (Prostata) am männlichen Geschlechtsapparat kann vorhanden sein, ein Penis fehlt bei vielen Formen. Die weiblichen Ausführungsgänge entsprechen ganz den Meganephridien mit einem Eitrichter und kurzen, das Septum durchsetzenden und mit einem Porus endenden Eileiter. Außerdem haben die meisten Oligochaeten Samentaschen (Spermatheken, Receptacula sem.) zur Aufnahme des fremden Spermas bei der Begattung. Sie ist wechselseitig, die Partner legen sich in umgekehrter Richtung mit den Bauchseiten aneinander und werden durch vom Clitellum abgegebene Sekretmassen verbunden. Das Sperma wird in Form von Spermatophoren oder Spermiozeugmen (zusammengekittete Spermamassen) abgegeben und in die Samentaschen aufgenommen. Bei der Eiablage sondert das Clitellum wiederum Sekret ab, das den Körper bindenartig umhüllt, die Eier werden in diese Gürtelbinde abgelegt, auch die Spermatheken entleeren sich, die Binde wird nach vorn geschoben, schnurrt nach Passieren des Kopflappens zusammen und bildet einen Kokon, in dem die Befruchtung und Entwicklung vor sich geht. Letztere verläuft nach dem Spiraltypus mit Bildung von Urmesodermzellen und Keimstreifen.

Mit der großen Regenerationsfähigkeit der Oligochaeten, durch die Vorder- und Hinterende neugebildet werden können und die auch nach Autotomie erfolgen kann, z. B. bei *Lumbriculus variegatus*, hängt auch die ungeschlechtliche Vermehrung der *Naidina* zusammen mit Bildung einer Sprossungszone zwischen zwei Segmenten, wobei es zur Entstehung einer Tierkette kommt.

Alle Oligochaeten brauchen eine gewisse Feuchtigkeit. Ein erheblicher Teil lebt im Wasser, im Schlamm oder zwischen Pflanzen (limikole O.), der größere im Erdboden (terrikole O.), wo sie Röhren graben können, wenige Arten der Gattung Pheretima an und auf Bäumen. Die Nahrung der meisten Oligochaeten bilden vegetabilische, verwesende Stoffe, manche *Enchytraeidae* machen Schadfraß an Wurzeln. Einige O. sind gelegentlich oder regelmäßig Räuber oder Aasfresser, *Chaetogaster limnaei* ist wohl nur Kommensale auf Wasser-Lungenschnecken; *Branchiobdella* mit großem Saugnapf am Hinterende und mit Kiefern Ektoparasit an Süßwasserkrebsen. *Microscolex phosphoreus* (in Deutschland eingeschleppt) hat ein leuchtendes Sekret. Von großer Wichtigkeit für Acker- und Gartenbau ist die Tätigkeit der Regenwürmer. Bei ihrer großen Anzahl (in 1 qm Gartenland 390) durchlüften, düngen und arbeiten sie den Boden um und beschleunigen die Humusbildung.

Die Phylogenie ist noch nicht eindeutig geklärt, von den Oligochaeten stammen die *Hirudinea* ab.

Aeolosoma und *Nais* im Süßwasser. — *Enchytraeidae* terrikol, limnisch und einige marin. — *Tubifex* in Röhren lebend. — *Lumbriculus* limnisch. — *Agriodrilus vermivorus* aus dem Baikalsee, morphologisch durch das Vorhandensein eines sehr muskulösen Schlundes und die starke Reduktion der Leibeshöhle im vorderen Körperteil und biologisch durch die räuberische Lebensweise den Egeln sehr nahe stehend. Terrikole Arten sind die *Glossoscolecidae*, kleine bis riesige Würmer, ferner *Lumbricus*, *Eisenia* u.a.

2. Ordnung: *Hirudinea*, Egel

Clitellata mit abgeplattetem borstenlosem Körper und konstanter Segmentzahl (34), die Metamere sind sekundär geringelt. Vorderende mit einem Mundsaugnapf, Afterende mit einer Haftscheibe. Zölom durch Bindegewebe zu Lakunen reduziert. Hoden stets hinter den Ovarien (Abb. 30).

Etwa 400 Arten, meist im Süßwasser, einige auch marin und terrestrisch, als Parasiten oder räuberisch lebend. Die Größe der Egel schwankt von 10 mm bis 20 cm, eine Art aus dem Amazonas *(Liostomum ghiliani)* soll angeblich 40 cm lang werden. Die äußere Ringelung der Egel entspricht nicht der inneren Segmentierung, da eine artlich verschiedene Anzahl von Ringen ein Segment bildet. Der Mund liegt ventral in der vorderen Haftscheibe, der After terminal-dorsal von der hinteren. Das Clitellum ist im Gegensatz zu dem der Oligochaeten dadurch charakterisiert, daß in seinem Bereich stets die Geschlechtsöffnungen liegen. Kiemenanhänge finden sich bei einigen Formen, z.B. *Cystobranchus*, *Branchellion*. Palpen neben der vorderen Haftscheibe hat nur der Landblutegel *Xerobdella lecomtei*.

Meist haben die Familien eine bestimmte Körperform, flach blattartig *(Glossosiphoniidae)*, zylindrisch *(Ichthyobdellidae)*, dorsal gewölbt, ventral flach *(Herpobdellidae* und *Hirudinidae)*.

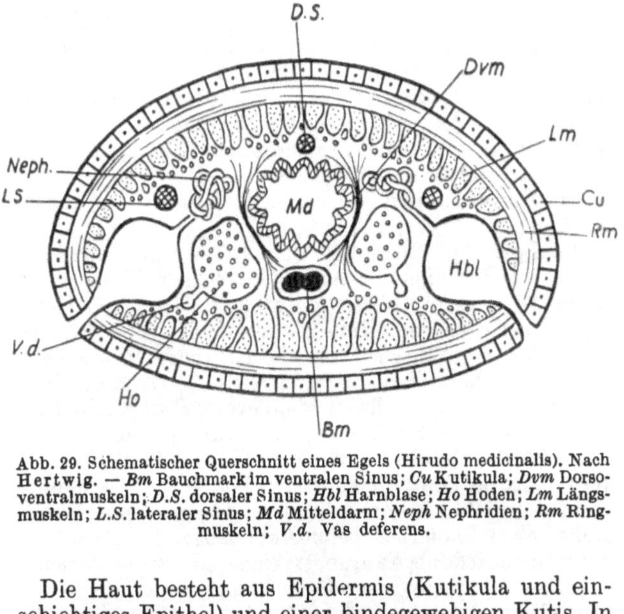

Abb. 29. Schematischer Querschnitt eines Egels (Hirudo medicinalis). Nach Hertwig. — *Bm* Bauchmark im ventralen Sinus; *Cu* Kutikula; *Dvm* Dorsoventralmuskeln; *D.S.* dorsaler Sinus; *Hbl* Harnblase; *Ho* Hoden; *Lm* Längsmuskeln; *L.S.* lateraler Sinus; *Md* Mitteldarm; *Neph* Nephridien; *Rm* Ringmuskeln; *V.d.* Vas deferens.

Die Haut besteht aus Epidermis (Kutikula und einschichtiges Epithel) und einer bindegewebigen Kutis. In ihr liegen zahlreiche Drüsen (Schleim-, Haftscheiben- und Clitellumdrüsen). Die Egel wechseln öfter ihre Haut. Durch sie erfolgt auch meist die Atmung, sie kann bei manchen Arten sowohl im Wasser wie in der Luft stattfinden.

Eine sehr kräftige Muskulatur bewirkt die große Beweglichkeit der Egel; der Hautmuskelschlauch setzt sich von außen nach innen aus Ring-, Diagonal- und Längsmuskelschicht zusammen, dazu kommen noch Dorsoventralmuskeln und Muskeln für besondere Organe (Rüssel, Kiefer, Saugnäpfe, Penis usw.).

Das Nervensystem besteht aus dem Gehirnganglion und der Bauchmarkganglienkette, peripheren und die Verdauungsorgane versorgenden sympathischen Nerven. In der Haut liegen primäre Sinnesorgane, ferner Sinnesknospen; Augen scheinen fast alle Egel zu haben, meist am Vorderende zwei, sechs oder acht, doch können sie auch am Mittelkörper und auf der Endhaftscheibe sitzen. Es sind entweder Anhäufungen von Sehzellen mit großen Vakuolen oder Pigmentbecherozellen. Sie ermöglichen Lichtunterschiede und Richtungen zu unterscheiden. Nur *Dina absaloni* aus den Höhlen der Herzegowina ist augenlos.

Die Egel sind Blutsauger oder Räuber. In Anpassung an diese verschiedene Ernährung hat sich der Vorderdarm in verschiedener Weise entwickelt. Die Rüsselegel *(Rhynchobdellae)* haben einen muskulösen, vorstülpbaren Rüssel in einer Rüsselscheide, die Kieferegel *(Gnathobdellae)* einen Pharynx mit drei bezahnten, wie Kreissägen wirkenden Kiefern, die Schlundegel *(Pharyngobdellae)* auf der Wand des Schlundes drei muskulöse Längswülste. Speicheldrüsen haben wohl alle Egel; ihr Sekret (Hirudin) verhindert bei den blutsaugenden Formen die Gerinnung des Blutes. Während die karnivoren Egel keine Blindsäcke haben, finden sich bei den blutsaugenden am Mitteldarm Blindsäcke als Nahrungsspeicher. *Hirudo medicinalis* kann das Zehnfache seines Gewichtes an Blut aufnehmen, aber ebenso können Egel auch sehr lange hungern. Die Verdauung scheint im Magen stattzufinden.

Das zwischen Hautmuskelschlauch und Darmkanal liegende Zölom ist bei den Egeln unter Auflösung der Septen durch Bindegewebe stark eingeengt, so daß nur ein System von Lakunen (Sinus) erhalten bleibt, eine dorsale und ventrale und zwei seitliche Lakunen. Die Rüsselegel haben ein Blut- und Lakunensystem unabhängig voneinander, bei den rüssellosen Egeln *(Arhynchobdellae)* übernehmen Zölomkanäle die Funktion des Blutgefäßsystems, das, wenn vorhanden (Rüsselegel), nur schwach entwickelt ist und aus einem kontraktilen Rücken- und ventralen Gefäß besteht. Das Blut ist bei manchen Arten durch Hämoglobin rot gefärbt. An den Zölomwänden befinden sich Chloragogenzellen (Botryoidalgewebe), das Exkrete aufzunehmen scheint.

Die Exkretionsorgane (10 bis 17 Paar Nephridien) sind von den Metanephridien abzuleiten. Jedes einzelne Segmentalorgan hat vier Teile, einen offenen Wimpertrichter, unter ihm eine geschlossene Nephridialkapsel mit phagocytären Zellen, einen wimperlosen Sekretionskanal (Drüsenkanal), der exkretorisch wirkt, und eine blasenförmige Erweiterung zur Entleerung.

Alle Egel sind Zwitter mit ausschließlich geschlechtlicher Fortpflanzung, die Regenerationsfähigkeit ist bei ihnen sehr gering. Die Eierstöcke liegen zwar vor den Hoden, doch öffnen sich letztere vor jenen. Die Gonaden liegen in mit dem Zölom nicht verbundenen Säcken, die Hodensäcke (4 bis 90) in zwei Reihen im mittleren Körperteil. Das in ihnen befindliche Keimepithel zerfällt schon früh in einzelne Zellen. Durch ein kurzes Vas deferens ist jedes Hodensäckchen mit einem der beiden Vasa deferentia verbunden, die sich vorn zu einem Samenbehälter (Vesicula seminalis) vereinigen und mit einem Atrium enden, das mit zwei Hörnern die Gänge der Samenbehälter aufnimmt. Rüssel- und Schlundegel haben keinen Penis; bei ihnen bilden sich in den Hörnern Pseudospermatophoren (Sekretröhre mit Sperma). Die Hirudiniden haben einen Penissack mit ausstülpbarem Penis. Die Ovarien liegen in paarigen Ovarialsäcken, an die sich Uteri und Ovidukte anschließen, die entweder getrennt oder nach ihrer Vereinigung mit der Vagina enden. Die Eier werden wie bei den Oligochaeten in Kokons abgelegt, die Furchung verläuft nach dem Spiraltypus, die Entwicklung mit Bildung von Urmesodermzellen ist direkt.

Etwa drei Viertel der Egel sind Blutsauger, der Rest

lebt räuberisch von kleinen Würmern, Schnecken und Insektenlarven. Die in ihrer Jugend gleichfalls räuberisch lebenden blutsaugenden Egel saugen an Gliedertieren, Mollusken und Wirbeltieren, von letzteren vor allem an Fischen, Amphibien, Schildkröten und Säugetieren. Rüsselegel durchbohren die Haut, Kieferegel durchsägen sie. Der Pharynx wirkt als Saugorgan. Bei einigen Egeln enthalten Drüsen des Oesophagus symbiontische Bakterien, die für die Verdauung wichtig zu sein scheinen.

Die Bewegung der Egel ist ein „Gehen" mit Hilfe der Saugscheiben ähnlich wie bei Spannerraupen; alle, außer *Glossisiphonia* und den Haemodipsiden, können auch schwimmen. Alle marinen Egel leben auf Fischen, in Süßwasser finden sich Vertreter aller Familien außer den Landblutegeln. Manche Arten können auch das Wasser verlassen und gehen zur Eiablage ans Land; *Hirudo medicinalis* und *Haemopis* auch zur Kopula. Sie ist meist wechselseitig, bei den Kieferegeln einseitig, und erfolgt entweder durch Vermittlung von Penis und Vagina oder bei penislosen Formen durch Anheften der Pseudospermatophoren an die Haut. Brutpflege haben *Glossisiphonia* und *Marsupiobdella*. Für den Menschen sind Blutegel verschiedener Arten medizinisch wichtig. In den Tropen sind Landblutegel eine sehr lästige Plage. *Limnatis nilotica* dringt in Rachen und Kehle von Rindern ein und kann ihren Tod durch Erstickung herbeiführen.

Unterordnung: *Acanthobdellae*

Acanthobdella mit Borsten am 2. bis 6. Segment an Salmoniden. Mundsaugnapf fehlt, Dissepimente vorhanden, Blut rot wie bei den Lumbriciden. A. zeigt deutliche Beziehungen zu den *Oligochaeta*.

Unterordnung: *Rhynchobdellae*

Mit Rüssel in einer Scheide, Blutgefäße vorhanden. *Piscicola, Glossisiphonia (Clepsine)*.

Unterordnung: *Gnathobdellae*

Pharynx mit Längswülsten und drei Kiefern.

Hirudo medicinalis. — Haemopis sanguisuga (Aulostomum

gulo) saugt nicht Blut. — *Haemodipsidae* (Landblutegel): *Haemodipsa*, hierher auch *Xerobdella lecomtei* in den Alpen.

Unterordnung: *Pharyngobdellae*

Schlund mit drei Längsfalten, ohne Penis. Fleischfresser. — *Herpobdella (Nephelis)*.

3. Klasse:

ECHIURIDEN *(Echiurida)*

Artenarme, marine Gruppe von „Würmern" mit Beziehungen zu den Polychaeten, jedoch ohne Parapodien, mit einem, dem Prostomium entsprechenden Kopflappen und mit Analschläuchen, Zölom vorhanden (Abb. 30).

Der sackförmige Körper hat vorn einen langen, dehnbaren und kontraktilen Kopflappen mit einer ventralen, bewimperten Rinne. Die Farbe ist oft recht lebhaft, z. B. bei den Weibchen von *Bonellia viridis* grün. Die Körpergröße beträgt etwa 15 cm. Die aus Kutikula, Epidermis und Kutis bestehende Haut hat Papillen, außerdem vorn am Rumpf zwei Borsten und bei *Echiurus* und *Urachis* auch einen Borstenkranz am Hinterende. Der Mund liegt ventral hinter der Basis des Kopflappens, der Darm macht mehrere Schleifen und endet terminal; am Mitteldarm befindet sich ein Nebendarm. Das nicht stets vorhandene Blutgefäßsystem ist sehr einfach, ein ventrales und dorsales Gefäß und drei große Kopflappengefäße. Ein dreischichtiger Hautmuskelschlauch und Muskeln im Kopflappen sind vorhanden, das Nervensystem besteht aus einem Schlundring, der den Kopflappen durchzieht, und einem ventralen Nerven, fast stets ohne segmentale Ganglien.

Die Leibeshöhle ist ein echtes, peritonaeal ausgekleidetes Zölom mit Zölomflüssigkeit und -zellen. Bei *Echiurus* ist es durch ein unvollständiges Diaphragma geteilt. Als Exkretionsorgane finden sich zwei in den Enddarm mündende Analschläuche mit Wimpertrichtern zur Leibeshöhle. Die Geschlechter sind getrennt, die unpaaren Gonaden liegen meist auf dem Bauchmark, die Keimzellen gelangen in das Zölom und von ihm in die inneren Öffnungen von zwei bis sechs im Vorderkörper befindlichen Segmentalorganen (Bauchnephridien), die sie durch paarige, am vorderen Rumpfende liegende Öffnungen ausleiten.

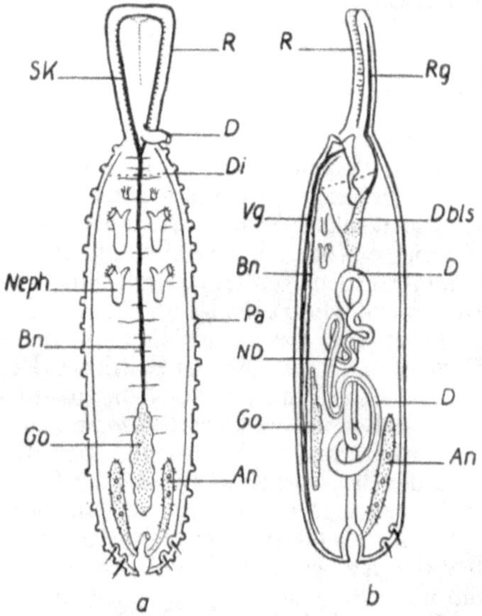

Abb. 30. Organisation von Echiurus. Nach Remane. — *a* Ventralfläche, Darm nur am Anfang und Ende gezeichnet; *b* Seitenansicht. *An* Analschläuche; *Bn* Bauchnerv; *D* Darm; *Dbls* Darmblutsinus; *Di* Diaphragma; *Go* Gonade; *N.D.* Nebendarm; *Neph* Bauchnephridium; *Pa* Papille; *R* Rüssel; *Rg* Rückengefäß; *S.K.* Schlundkonnektiv; *Vg* Ventralgefäß.

In der Ontogenie, die nach der Spiralfurchung verläuft, bildet sich ein vorübergehend segmentierter Mesodermstreifen; die Larve ist eine Trochophora, Kopflappen und Mundbereich der erwachsenen Tiere sind larvale Teile.

Etwa 60 Arten, die benthonisch leben, sich in Sand und Schlamm vergraben, *Echiurus* in U-förmigen Röhren, *Bonellia* zwischen Geröll und in Spalten. Der Rüssel führt durch die

Wimperrinne die aus kleinen Lebewesen und Detritus bestehende Nahrung in den Mund und dient wohl auch der Atmung. Die Gattungen *Bonellia* und *Hamingia* sind bekannt durch den auffallenden Geschlechtsdimorphismus, die Weibchen mit langem, gabelig geteiltem bis 1 m langem Kopflappen, die Männchen nur 1 bis 2 mm lang mit reduzierten Organen. Der Oesophagus übernimmt bei ihnen die Funktion des Vas deferens. Die geschlechtlich indifferenten Larven entwickeln sich nur dann zum Männchen, wenn sie sich auf dem Rüssel eines Weibchens festsetzen können und leben dann symbiontisch in den weiblichen Geschlechtsgängen (Beispiel epigener Geschlechtsbestimmung). Durch Abkürzung der Dauer des Parasitismus auf dem Rüssel der Weibchen können sexuelle Zwischenstufen erzeugt werden.

4. Klasse:

SIPUNKULIDEN (*Sipunculida*)

Unsegmentierte, borstenlose „Würmer“ mit Zölom, einem zurückziehbaren Rüssel und Tentakel um die Mundöffnung. Etwa 250 Arten.

Der Körper ist walzenförmig, ohne Borsten am Rumpf, die an der Spitze des retraktilen vorderen Körperteiles (Rüssel) befindliche Mundöffnung meist von Tentakeln umgeben. Die Epidermis ist stärker kutikularisiert als bei den *Echiurida*, sie enthält wie bei ihnen Sinnesorgane und Drüsen. Unter der Haut liegt ein dreischichtiger Hautmuskelschlauch. Ein Cerebralganglion, in dem ein Augenfleck liegen kann, Schlundkommissur und Bauchmark bilden das Nervensystem. Die Tentakel um den Mund sind Greif- und Sinnesorgane, der Rüssel hat sehr starke Retraktoren, seine Ausstülpung erfolgt wie in der vorigen Gruppe durch Kontraktion der Rumpfmuskeln und den Druck der Zölomflüssigkeit bei gleichzeitiger Erschlaffung der Rüsselmuskeln und Retraktoren. Der Darm ist in Windungen spiralig gedreht, bisweilen mit einem Blinddarm versehen und endet dorsal im vorderen Rumpfteil. Er liegt in einem einheitlichen Zölom mit Zölomflüssigkeit und verschiedenen Zölomzellen. Von ihnen sind besonders die mehrzelligen „Urnen“ bemerkenswert. Sie sind krugförmig mit einer Wimperscheibe und an der Zirkulation der Zölomflüssigkeit und an der Exkretion beteiligt. Die bei *Sipunculus* in der Haut befindlichen Integumentalkanäle stehen mit dem Zölom in Verbindung und erleich-

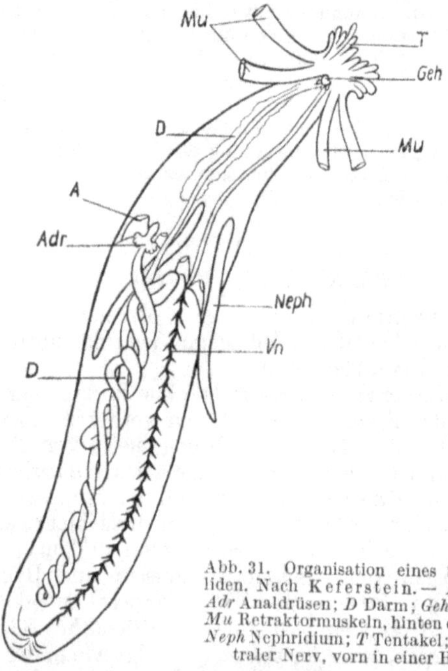

Abb. 31. Organisation eines Sipuncu; liden. Nach Keferstein. — *A* After- *Adr* Analdrüsen; *D* Darm; *Geh* Gehirn; *Mu* Retraktormuskeln, hinten entfernt; *Neph* Nephridium; *T* Tentakel; *Vn* ventraler Nerv, vorn in einer Hülle.

tern wohl die Atmung. Das Blutgefäßsystem ist auf einen Darmblutsinus beschränkt. Als Teil des Zöloms sind ein Ringkanal an der Tentakelbasis, zwei mit ihm verbundene Polische Blasen und die Tentakelgefäße zu betrachten. Die Polischen Blasen bewirken die Entfaltung der Tentakel. Meist sind zwei Segmentalorgane (Metanephridien) vorhanden, die in der Nähe des Afters münden und die

Exkrete und Keimzellen entleeren. Außerdem dienen der Exkretion die Exkretophoren oder Chloragogenzellen an der Darmwand und an den Polischen Blasen. Die Geschlechter sind getrennt, die Gonaden liegen als kleine Krausen an der Basis der ventralen Retraktoren.

Die Furchung verläuft nach dem Spiraltypus, es bilden sich meist unsegmentierte Mesodermstreifen und als Larve eine Trochophora. Die Sipunculiden leben im Sand und Schlamm des Meeres, in Löchern und Fremdkörpern (z. B. in Röhren von Polychaeten und leeren Schalen von Scaphopoden). Die Ortsbewegung ist gering, organische Bestandteile ihres Biotops bilden die Nahrung. *Sipunculus*; *Phascolion strombi* in Dentalien- und Schneckenschalen, *Physcosoma lurcoi* in der Mangrovezone unter Gras, besitzt rote Blutkörperchen.

Für verwandschaftliche Beziehungen zu den Anneliden spricht die Larvenform, das Vorhandensein eines Zöloms, von Chloragogenzellen und die Ausbildung des Hautmuskelschlauches, sowie das Nervensystem.

Poeoboiden *(Poeoboidea)*

Eine noch unsichere Stellung, vielleicht die eines Bindegliedes zwischen Polychaeten und Echiuriden, nimmt der 1930 von Heath beschriebene, an der kalifornischen Küste in einer Tiefe von 350 m entdeckte „Wurm" *Poeobius messeres* ein. Es ist ein pelagisch lebendes, 5 bis 27 mm langes, halb durchscheinendes borstenloses Tier mit einem in der Seitenansicht elliptischen, im Querschnitt bikonvexen, vorn scharf zugespitzten Körper. Am Kopf stehen ein Paar Tentakel und fünf Paar Cirren. Die Haut ist bewimpert, die Bewegung scheint durch Cilienschlag zu erfolgen. Zwischen Haut und Muskeln liegt ein mit Flüssigkeit gefüllter Raum, der als Schizozöl aufzufassen ist. Der die Organe umgebende Hautmuskelschlauch mit vier Muskelbündeln ist annelidenartig. Ein unsegmentiertes Zölom ist vorhanden. Der Mitteldarm ist gewunden und zeigt darin Anklänge an Echiuriden. Blutgefäß- und Nervensystem sind dem der Anneliden entsprechend, der Bauchstrang hat eine Ganglienkette wie bei Polychaeten. Ein Paar Nephridien und ein Paar Analdrüsen sind vorhanden, die Geschlechter getrennt. Die Nahrung bilden mikroskopische Organismen. Kopf,

Nervensystem und Blutgefäße sprechen für Beziehungen zu den Polychaeten; das ungegliederte Zölom, der gewundene Darm, das Vorhandensein eines Paares von Analschläuchen weist auf Echiuriden und vielleicht auch Sipunkuliden hin.

Poeobius messeres ist vielleicht der einzige bisher bekannte Vertreter eines Stammes *Poeoboidea.*

9. STAMM:

PROTRACHEATEN *(Protracheata, Onychophora)*

Früher als direkte Bindeglieder zwischen Ringelwürmern und Gliederfüßern aufgefaßt, vereinigen sie in ihrem Bau Merkmale beider Tiergruppen und werden nun meist als von ersteren ausgegangener Stamm angesehen. Mit ihnen haben sie folgende Merkmale gemeinsam: der Körper ist langgestreckt, wurmförmig, geringelt. Die Muskulatur, aus glatten Fasern bestehend, bildet einen Hautmuskelschlauch. Als Exkretionsorgane dienen Nephridien, die sich in allen Extremitätensegmenten finden, aus einem Trichter, Nephridialkanal, Endblase und einer

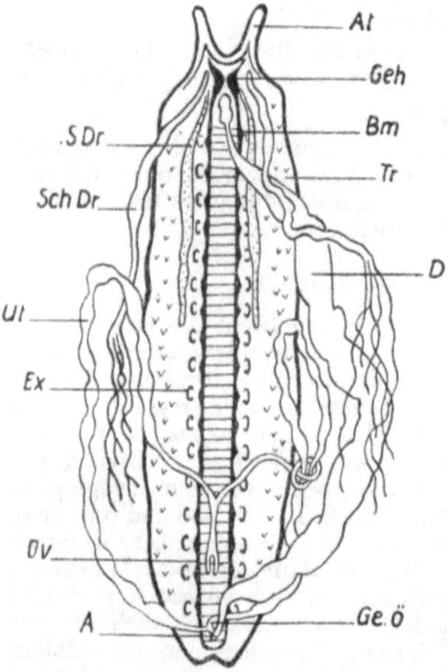

Abb. 32. Organisation eines weiblichen, vom Rücken geöffneten Peripatus. Nach Hertwig. – *A* After; *At* Antenne; *Bm* Bauchmark; *D* Darm; *Ex* Exkretionsorgane; *Geh* Gehirn; *Ge.Ö* Geschlechtsöffnung; *Ov* Ovarium *S.Dr.* Speicheldrüse; *Sch.Dr.* Schleimdrüse; *Tr* Tracheen; *Ut* Uterus.

an der Basis der Gliedmaßen sich öffnenden Mündung bestehen.

Bei den Arthropoden vorhandene Merkmale sind: Ein Paar Kiefer in dem von Hautlappen umgebenen Mundatrium, die aus dem umgewandelten zweiten Gliedmaßenpaar hervorgegangen sind. Die Leibeshöhle ist aufgelöst und hat ein Schizozöl gebildet. Das langgestreckte dorsale Herz liegt in einem Perikardialsinus und besitzt in jedem Segment ein Paar seitlicher Öffnungen. Der Blutkreislauf ist offen. Besonders auffallend und früher als Beweis für die nahen Beziehungen zu den Tracheaten angesehen ist das Vorhandensein von zur direkten Aufnahme von Luft in den Körper dienenden Tracheen, deren Stigmen jedoch meist regellos angeordnet sind. Von ihnen gehen Tracheenröhren und Kapillaren aus (Abb. 32, 33).

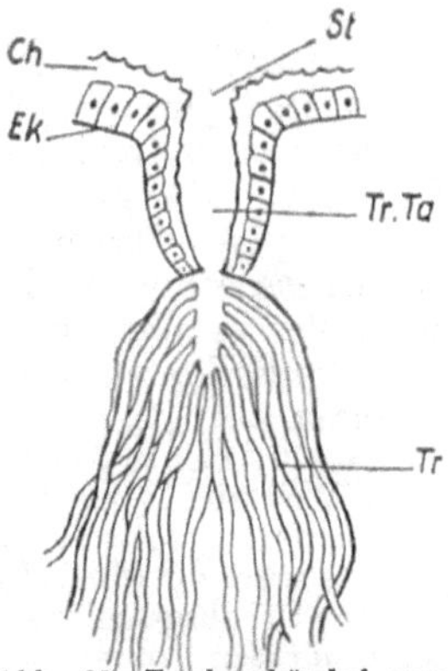

Abb. 33. Tracheenbüschel von Peripatus. Nach Kühn. — *Ch* Chitincuticula; *Ek* Ektoderm; *St* Stigma; *Tr* Tracheenschläuche; *Tr.Ta* Tracheentasche.

Den Protracheaten eigene Organe sind zwei am Vorderende stehende geringelte Antennen und hinter ihnen seitlich vom Mundatrium befindliche Oralpapillen. Die vielringeligen Gliedmaßen (Archipodien), artlich je nach der Segmentzahl in verschiedener Zahl (13 bis 43), sind nicht wie bei den Gliederfüßern gegliedert und tragen am Ende zwei Krallen (Name!). In die Mundhöhle münden zwei aus den Nephridien hervorgegangene Speicheldrüsen. Der Darm verläuft gerade durch den Körper bis zum endständigen After. Am nicht scharf vom Rumpf abgesetzten Kopf stehen seitliche Augen, deren Linse dem gleichen Organ von Ringelwürmern *(Alciope)*, deren Netzhaut aber der von niederen Gliederfüßern

(Scolopendra) entspricht. Das Nervensystem besteht aus einem Paar Oberschlundganglien und zwei ventralen, sich hinten vereinigenden Bauchsträngen und zahlreichen Kommissuren. Ganglienzellen finden sich als Belag auf den Nervensträngen.

Die Geschlechter sind getrennt; beim Männchen setzen sich die Geschlechtsorgane aus je einem Paar langer Hoden, Samenblasen, Vasa efferentia und einem Vas deferens mit Ductus ejaculatorius zusammen, beim Weibchen aus je zwei Ovarien, Ovidukten, langen Uteri und einer kurzen Vagina. Die Gonaden münden am Körperende. Die Befruchtung ist innerlich. Die Protracheaten sind zum Teil ovipar, meist vivipar. Bei letzterer Gruppe können sich die Embryonen entweder mit eigenem Dotter oder aber aus Uterussekreten, zum Teil sogar mit einer Plazenta ernähren.

Etwa 70 Arten in den Tropen und Subtropen der alten und neuen Welt von 15 bis 200 mm Länge, sie leben an feuchten Orten unter morschem Holz, Laub und Steinen. Aus den Oralpapillen wird zur Verteidigung ein klebriger Schleim 10 bis 15 cm weit ausgeschleudert, der in sehr großen paarigen Schleimdrüsen gebildet wird. Mit den Antennen spüren sie Asseln, Termiten usw. auf und saugen mit den Lippen sich an ihnen fest. Die Kiefer reißen die Beute auf, der Schlundkopf wirkt saugend. Mehrere Familien. — *Peripatus.*

10. STAMM:

BÄRTIERCHEN *(Tardigrada)*

Etwa 300 Arten kleiner, meist unter 1 mm großer *Articulata*, deren Körper aus einem Kopf und vier Rumpfsegmenten besteht, an denen sich vier Paar lateroventrale, bekrallte oder mit Haftplatten versehene Extremitäten befinden (Abb. 34). Eine starke, oft gepanzerte Kutikula bedeckt den Körper. Der Mund liegt vorn ventral, aus ihm können zwei kalkige Stilette vorgestoßen werden, mit denen die Bärtierchen die Zellen von Moosen und Flechten zur Nahrungsaufnahme anstechen. Der Schlundkopf wirkt saugend. Der Darm durchzieht gerade den Körper; in den Enddarm, der ventral mit dem After endet, münden drei exkretorisch tätige Drüsen. Ein Hautmuskelschlauch fehlt, statt dessen sind Muskeln mit spe-

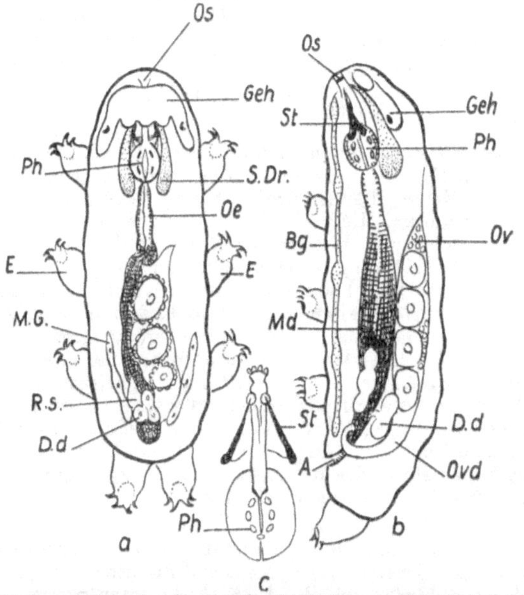

Abb. 34. Organisation eines Tardigraden (Weibchen von Macrobiotus). Nach Remane. — *a* Rückenansicht; *b* Seitenansicht; *c* Schlundkopf. *A* After; *Bg* Bauchganglienkette; *D.d.* dorsale Anhangsdrüse des Darms; *E* Extremität; *Geh* Gehirn; *Md* Mitteldarm; *M.G.* Malpighische Gefäße; *Oe* Oesophagus; *Ov* Ovarium; *Ovd* Eileiter; *Ph* Schlundkopf; *R.s.* Receptaculum seminis; *S.Dr.* Munddrüsen; *St* Stilett.

ziellen Funktionen vorhanden. An Sinnesorganen kommen Pigmentbecherozellen, Sinneszapfen und Cirren vor. Das Nervensystem besteht aus einem Ober- und Unterschlundganglion, einer strickleiterförmigen Bauchkette mit vier Ganglien und den von den Ganglien ausgehenden Nerven. Alle Arten sind getrenntgeschlechtlich, die Gonaden sind unpaarig und liegen dorsal, ihre Ausführungsgänge münden in den Enddarm mit Bildung einer Kloake. Die Begattung erfolgt während der Eiablage mit äußerer Befruchtung oder mit innerer Befruchtung in die Kloake des sich häutenden Weibchens. Die Eier werden entweder frei abgelegt oder in den durch die Häutung des Muttertieres entstandenen leeren Hautsack. Eine echte Metamorphose fehlt, das Zölom entsteht merkwürdigerweise als Enterozöl.

Außer der obengenannten Nahrung verzehren die Bärtierchen auch Fadenwürmer und Rädertiere. Die Bewegung ist langsam (Name „Bärtierchen"!) gehend oder auf den Fußstummeln stelzend. Im Verlauf des Lebens häuten sich die Bärtierchen mehrmals; da auch die Hartteile des Vorderdarms während der Häutung wahrscheinlich aus den sog. Speicheldrüsen (Stilettdrüsen) neugebildet werden, findet in dieser Zeit keine Nahrungsaufnahme statt. Wie Rädertiere und Moosnematoden können auch sie durch Wasserentzug in einen Zustand von Trockenstarre versetzt werden, ohne ihre Lebensfähigkeit zu verlieren. Ihre Widerstandsfähigkeit ist sehr groß; in Experimenten ertrugen sie einen Aufenthalt von 20 Monaten in flüssiger Luft, 8½ Stunden in flüssigem Helium bei —272° C. Auch hohe Temperaturen (+ 92° eine Stunde lang) und giftige Gase halten sie in diesem Zustand aus. Enzystierung in der abgelegten Kutikula kommt gleichfalls vor.

Bärtierchen leben im Meer und im Süßwasser zwischen Algen, auf dem Land zwischen Moos und Flechten. Infolge ihrer Verbreitung durch den Wind sind viele Arten weltweit verbreitet.

1. Ordnung: *Heterotardigrada*

Mit seitlichen Kopfanhängen, Geschlechtsöffnung und After getrennt, ohne Exkretionsorgane.

2. Ordnung: *Eutardigrada*

Ohne Kopfanhänge, mit Exkretionsorganen und Kloake. — *Macrobiotus*.

Die Merkmale der Tardigraden deuten auf Beziehungen zu Ringelwürmern und Gliederfüßern, sie sind wahrscheinlich vereinfachte Formen.

11. STAMM:

ZUNGENWÜRMER

(Linguatulida, Pentastomida)

Als Parasiten in den Luftwegen von Wirbeltieren lebende Tiere mit im erwachsenen Zustande oft zungenförmigen Körper (Abb. 35). Infolge ihrer Lebensweise sind Rückbildungen verschiedener Organsysteme eingetreten. Das Weibchen der häufigsten Art *(Linguatula taenioides)* mißt 7 bis 13, das Männchen 2 bis 3 cm. Die Kutikula ist geringelt, Bewegungsorgane fehlen. Beim adulten Tier befinden sich zwei Paar Haken am Vorderende. Der Mund liegt zwischen dem vorderen Paar und führt in einen gerade bis zu terminalen After verlaufenden Darmkanal.

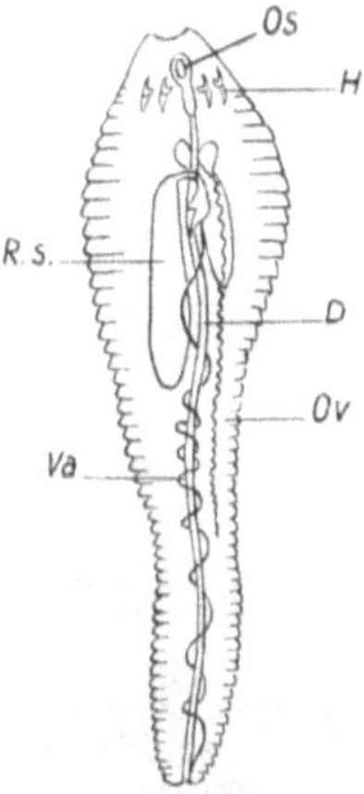

Abb. 35. Linguatula taenioides. Nach Ziegler und Bresslau. — *D* Darm; *H* Haken; *Os* Mund; *Ov* Ovarium; *R.s.* Receptaculum seminis; *Va* Vagina.

Die Nahrung (Blut) wird saugend aufgenommen. Am Vorderteil sind zwei Sinnespapillen, Nervensystem (Oberschlundganglion und Bauchstrang) und Muskulatur sind stark reduziert, Atmungs-, Kreislauf- und Exkretionsorgane fehlen ganz. Wie bei den meisten Parasiten sind die Gonaden groß und die Eierzahl hoch. Der Hoden der getrenntgeschlechtlichen Zungenwürmer ist unpaar oder paarig, schlauchförmig, paarige Samenleiter führen zum Cirrusbeutel, der sich dicht hinter dem Mund öffnet. Im weiblichen Geschlecht finden sich ein Ovar, zwei Eileiter, ein Uterus und eine ventral vorn oder hinten ausmündende Vagina. Die schon Embryonen enthaltenden Eier werden beim Schnüffeln des Endwirtes (z. B. hundeartige Raubtiere) oder mit dem Kot entleert und müssen mit Pflanzen in den Darm von herbivoren Tieren (Kleinsäuger, Kaninchen, Hase, Haustiere) gelangen. In ihren Darm schlüpft die „Bohrlarve" aus, die mit Bohrapparat und zwei Paar Fußstummeln versehen ist (Abb. 36a). Sie gelangt mit dem Lymph- und Blutstrom in die Eingeweide, vor allem in Leber und Lunge, häutet sich mit Verlust des Stachels und der Fußstummel und wird vom Gewebe des Wirtes eingekapselt. Nach neun Häutungen verläßt die am ganzen Körper bestachelte und mit vier Klammerhaken versehene „Stachellarve" (Abb. 36 b) die Kapsel und wandert in die serösen Höhlen (Brust- und Bauchhöhle) und die Muskeln ein. Durch das Fressen mit Larven durchsetzter Schlachtabfälle oder des Zwischenwirtes kommen die Stachellarven in den Endwirt und wandern in die Luftwege ein, wo sie geschlechtsreif werden. Da Hunde von *Linguatula taenioius* ziemlich stark befallen sind (in Berlin etwa 6 bis 7%), können durch Berührung oder durch verschmutzte Nahrungsmittel die Eier auch von Menschen aufgenommen werden, wo sie aber nicht zur vollen Entwicklung kommen. Die in der Lunge lebenden Formen sind im Querschnitt rund, die Zwischenwirte der in Reptilien (Schlangen, Schildkröten, Krokodilen) parasitierenden Formen sind kleine Säugetiere.

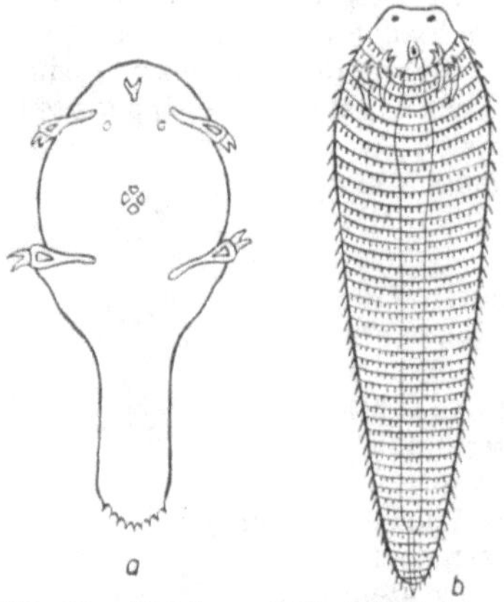

Abb. 36. *a* Bohrlarve; *b* Stachellarve eines Zungenwurms. Nach v. Haffner.

Manche Zungenwürmer haben auch erwachsen zwei Paar Fußstummel *(Cephalobaena)*. Sie sind weder „Würmer" noch gehören sie zu den Spinnentieren, wie man früher annahm. Ihre Beziehungen zu den Gliederfüßern sind gering, weshalb sie hier zusammen mit den *Tardigrada* und *Onychophora* als zu den *Articulata* gehörende Form behandelt werden. Der Stamm hat die beiden Ordnungen *Cephalobaenida* und *Porocephalida*. *Porocephalus* in Schlangen, *Linguatula* in Säugetieren.

LITERATUR

Baltzer, T.: Priapulida, Sipunculida, Echiurida, in: Kükenthal (Handb. d. Zool.) 1931.

Böhmig, L.: Nemertini, in: Kükenthal (Handb. d. Zool.) 1929.

Böhmig, L.: Das Tierreich VI (Sammlung Göschen) 1909.

Boldt, L.: Oligochaeta, in: Schulze (Biol. Tiere Deutschlands) 1940.

Brehms Tierleben, 1, 1918.

Bresslau, E.: Turbellaria, in: Kükenthal (Handb. d. Zool. 2, 1) 1928.

Bresslau, E.: Plathelminthes, in: Handwörterb. d. Naturwiss. 8, 1933.

Buddenbrock, W. v.: Entoprocta, in: Handwörterb. d. Zool. III, 1933.

Claus-Grobben: Lehrb. d. Zoologie, 1917.

Cori, J.: Kamptozoa, in: Grimpe-Wagler, Tierw. Nord- u. Ostsee. 1928.

Cori, J.: Kamptozoa, in: Kükenthal (Handb. d. Zool.) 1933.

Fischer, W.: Echiuridae, Sipunculidae, Priapulidae, in: Grimpe-Wagler, Tierw. Nord- u. Ostsee, 1925.

Fuhrmann, O.: Trematoda, Cestoidea, in: Kükenthal (Handb. d. Zool.) 1930—1932.

Harms, J. W.: Sipunculida, in: Handwörterb. d. Naturwiss. 19, 1934.

Hempelmann, F.: Polychaeta und Archiannelida, in: Kükenthal (Handb. d. Zool.) 1931.

Hempelmann, F., und Woltereck, R.: Annelida, in: Handwörterb. d. Naturwiss. 1, 1931.

Herter, K.: Hirudinea, in: Schulze (Biol. Tiere Deutschlands) 1932.

Kästner, A.: Pentastomida (Linguatulida), in: Handwörterb. d. Naturwiss. 1931.

Marcus, E.: Tardigrada, in: Handwörterb. d. Naturwiss. 9, 1934.

Michaelsen, W.: Oligochaeta, in: Kükentahl (Handb. d. Zool.) 1928.

Rauther, M.: Nematodes, in: Kükenthal (Handb. d. Zool.) 1930.

Rauther, M.: Nematomorpha, in: Kükenthal (Handb. d. Zool.) 1930.

Rauther, M.: Acanthocephala, in: Kükenthal (Handb. d. Zool.) 1930.

Rahm, G.: Tardigrada, in: Schulze (Biol. Tiere Deutschlands) 1927.

Remane, A.: Gastrotricha, in: Kükenthal (Handb. d. Zool.) 1929.

Remane, A.: Kinorhyncha, in: Kükenthal (Handb. d. Zool.) 1929.

Remane, A.: Vermes, in: Handbuch der Biologie. Potsdam 1950.

Ulrich, W.: Über die systematische Stellung einer neuen Tierklasse (Pogonofora, K. E. Johansson), den Begriff der Archicoelomaten und die Einteilung der Bilaterien. Sitzungsber. d. Akad. d. Wiss. Berlin, Math.-nat. Kl. Nr. II, Berlin 1950.

NAMEN- UND SACHVERZEICHNIS

GESAMTVERZEICHNIS

SAMMLUNG GÖSCHEN

DAS WISSEN DER WELT IN KURZEN, KLAREN, ALLGEMEINVERSTÄNDLICHEN EINZELDARSTELLUNGEN NACH DEN LEHRPLÄNEN DER DEUTSCHEN UNIVERSITÄTEN UND HOCHSCHULEN AUFGEBAUT

JEDER BAND DM 2,40

DOPPELBAND DM 4,80

STAND NOVEMBER 1954

WALTER DE GRUYTER & CO.

BERLIN W 35

INHALTSVERZEICHNIS

Geisteswissenschaften

Philosophie · Pädagogik · Psychologie · Soziologie

Einführung in die Philosophie von *H. Leisegang*. 2. Auflage. 145 Seiten. 1953. . . . . Bd. 281

Erkenntnistheorie von *G. Kropp*. 1. Teil: Allgemeine Grundlegung. 143 Seiten. 1950 . . . . Bd. 807

Hauptprobleme der Philosophie von *G. Simmel*†. 7., unveränd. Auflage. 177 Seiten. 1950 . . . . Bd. 500

Geschichte der Philosophie

I: Die griechische Philosophie von *W. Capelle*. 1. Teil. Von Thales bis Leukippos. 2., erweiterte Auflage. 135 Seiten. 1953 . . . . Bd. 857

II: Die griechische Philosophie von *W. Capelle*. 2. Teil. Von der Sophistik bis zum Tode Platons. 2., stark erweiterte Auflage. 144 Seiten. 1953 . . . . Bd. 858

III: Die griechische Philosophie von *W. Capelle*. 3. Teil. Vom Tode Platons bis zur Alten Stoa. 2., stark erweiterte Auflage. 132 Seiten. 1954 . . . . . Bd. 859

IV: Die griechische Philosophie von *W. Capelle*. 4. Teil. Von der Alten Stoa bis zum Eklektizismus im 1. Jahrhundert v. Chr. 2., stark erweiterte Auflage. 132 Seiten. 1954 . . . . Bd. 863

V: Die Philosophie des Mittelalters von *J. Koch*. In Vorbereitung . . . . Bd. 826

VI: Von der Renaissance bis Kant von *K. Schilling*. 234 Seiten. 1954 . . . . Bd. 394 / 394a

VII: Immanuel Kant von *G. Lehmann*. In Vorbereitung . Bd. 536

VIII: Die Philosophie des 19. Jahrhunderts von *G. Lehmann*. 1. Teil. 151 Seiten. 1953 . . . . Bd. 571

IX: Die Philosophie des 19. Jahrhunderts von *G. Lehmann*. 2. Teil. 168 Seiten. 1953 . . . . Bd. 709

X: Die Philosophie im ersten Drittel des 20. Jahrhunderts von *G. Lehmann*. In Vorbereitung . . . . . Bd. 845

Die geistige Situation der Zeit (1931) von *K. Jaspers*. 3., unveränderter Abdruck der 1932 bearbeiteten 5. Auflage. 211 Seiten. 1953 . . . . Bd. 1000

Philosophisches Wörterbuch von *M. Apel* †. 4., unveränderte Auflage. 260 Seiten. 1953 . . . . Bd. 1031

Geschichte der Pädagogik von *H. Weimer*. 11., neubearbeitete und vermehrte Auflage. 176 Seiten. 1954. . . . . . . Bd. 145

Therapeutische Psychologie. Freud — Adler — Jung von *W. M. Kranefeldt*. Mit einer Einführung von *C. G. Jung*. 2. Auflage. 152 Seiten. 1950 . . . . Bd. 1034

Soziologie. Geschichte und Hauptprobleme von *L. von Wiese*. 5. Auflage. 162 Seiten. 1954 . . . . Bd. 101

Religionswissenschaften

Jesus von *M. Dibelius* †. 2. Auflage. Unveränderter Nachdruck. 137 Seiten. 1949 . . . . Bd. 1130

Paulus von *M. Dibelius* †. Nach dem Tode des Verfassers herausgegeben und zu Ende geführt von *W. G. Kümmel*. 155 Seiten. 1951 . . . . Bd. 1160

Musik

Musikästhetik von *H. J. Moser*. 180 Seiten. 1953 . . . . Bd. 344

Systematische Modulation von *R. Hernried*. 2. Auflage. 136 Seiten. 1950 . . . . Bd. 1094

Der polyphone Satz von *E. Pepping*. 1. Teil: Der cantus-firmus-Satz. 2. Auflage. 223 Seiten. 1950 . . . . Bd. 1148

Harmonielehre von *H. J. Moser*.
I: 112 Seiten. 1954 . . . . Bd. 809
II: In Vorbereitung . . . . Bd. 810

Technik der deutschen Gesangskunst von *H. J. Moser*. Dritte, durchges. u. verbesserte Auflage. 144 Seiten mit 5 Fig. 1954 . . . . Bd. 576/576a

Die Kunst des Dirigierens von *H. W. von Waltershausen*. 2. Auflage. 138 Seiten. 1954 . . . . Bd. 1147

Die Technik des Klavierspiels aus dem Geiste des musikalischen Kunstwerkes von *K. Schubert* †. 3. Auflage. 110 Seiten. 1954 . . . . Bd. 1045

Die Musik des 19. Jahrhunderts von *W. Oehlmann*. 180 Seiten. 1953 . . . . Bd. 170

Allgemeine Musiklehre von *H. J. Moser*.
2., durchges. Auflage. 155 Seiten. 1955. . . . . . . Bd. 220/220a

Kunst

Stilkunde von *H. Weigert*.
I: Vorzeit, Antike, Mittelalter. 2. Auflage. 136 Seiten. Mit 94 Abbildungen. 1954 . . . . Bd. 80
II: Spätmittelalter und Neuzeit. 2. Auflage. 146 Seiten. Mit 84 Abbildungen. 1954 . . . . Bd. 781

Geschichte

Einführung in die Geschichtswissenschaft von *P. Kirn*. 2. Auflage. 121 Seiten. 1952 . . . . Bd. 270

Archäologie von *A. Rumpf*.
I: Einleitung, historischer Überblick. 143 Seiten mit 6 Abbildungen im Text und 12 Tafeln. 1953 . . . . . Bd. 538
II: In Vorbereitung . . . . Bd. 539

Kultur der Urzeit von *F. Behn*. 4. Auflage der „Kultur der Urzeit". Band I—III von *M. Hoernes*.
I: Die vormetallischen Kulturen. (Die Steinzeiten Europas. Gleichartige Kulturen in anderen Erdteilen). 172 Seiten mit 48 Abbildungen. 1950 . . . . . . Bd. 564
II: Die älteren Metallkulturen. (Der Beginn der Metallbenutzung. Kupfer- und Bronzezeit in Europa, im Orient und in Amerika). 160 Seiten mit 67 Abbildungen. 1950 Bd. 565
III: Die jüngeren Metallkulturen. (Das Eisen als Kulturmetall. Hallstatt-Latène-Kultur in Europa. Das erste Auftreten des Eisens in den anderen Erdteilen). 149 Seiten mit 60 Abbildungen. 1950. . . . . Bd. 566

Vorgeschichte Europas von *F. Behn*. Völlig neue Bearbeitung der 7. Auflage der „Urgeschichte der Menschheit" von *M. Hoernes*. 125 Seiten mit 47 Abbildungen. 1949 . . . Bd. 42

Von den Karolingern zu den Staufern von *J. Haller*. Die altdeutsche Kaiserzeit (900–1250). 3. Auflage. 141 Seiten mit 4 Karten. 1944 . . . . Bd. 1065

Deutsche Geschichte im Zeitalter der Reformation, der Gegenreformation und des 30jährigen Krieges von *F. Hartung*. 129 Seiten. 1951 . . . . Bd. 1105

Quellenkunde der deutschen Geschichte im Mittelalter von *K. Jacob*† (bis zur Mitte des 15. Jahrhunderts).

I: Einleitung, Allgemeiner Teil. Die Zeit der Karolinger. 5. Auflage. 118 Seiten. 1949 . . . . Bd. 279

II: Die Kaiserzeit (911 – 1250). 4. Auflage. 127 Seiten. 1949 . . . . Bd. 280

III: Das Spätmittelalter (vom Interregnum bis 1500). Unter Verwendung der Hinterlassenschaft herausgegeben von *F. Weden*. 152 Seiten. 1952 . . . . Bd. 284

Badische Geschichte von A. Krieger. 137 Seiten. 1921 . . . . Bd. 230

Geschichte Englands von *H. Preller*.

I: bis 1815. 3., stark umgearbeitete Auflage. 135 Seiten mit 7 Stammtafeln und 2 Karten im Text. 1952 . . . . Bd. 375

II: von 1815 bis 1910. 2., völlig umgearb. Auflage. 118 S. mit 1 Stammtafel und 7 Karten im Text. 1954 . . . Bd. 1088

Thüringische Geschichte von *E. Devrient*. 2. Auflage. 136 Seiten. 1921. . . . . Bd. 352

Deutsche Sprache und Literatur

Deutsches Rechtschreibungswörterbuch von *M. Gottschald*. 2., verbesserte Auflage. 269 Seiten. 1953 . . . . . Bd. 200/200a

Deutsche Wortkunde von *A. Schirmer*. Eine kulturgeschichtliche Betrachtung des deutschen Wortschatzes. 3., durchgesehene Auflage. 109 Seiten. 1949 . . . . Bd. 929

Deutsche Sprachlehre von *W. Hofstaetter*. 9., neubearbeitete Auflage von *G. Spree*. 144 Seiten. 1953 . . . . Bd. 20

Redetechnik von *H. Biehle*. Einführung in die Rhetorik. 115 Seiten. 1954 . . . . Bd. 61

Sprechen und Sprachpflege von *H. Feist*. (Die Kunst des Sprechens). 2., verbesserte Auflage. 99 Seiten mit 25 Abbildungen. 1952 . . . . Bd. 1122

Deutsches Dichten und Denken von der germanischen bis zur staufischen Zeit von *H. Naumann*. (Deutsche Literaturgeschichte vom 5.–13. Jahrhundert). 2., verbesserte Auflage. 166 Seiten. 1952 . . . . Bd. 1121

Deutsches Dichten und Denken vom Mittelalter zur Neuzeit von *G. Müller* (1270–1700). 2., durchgesehene Auflage. 159 Seiten. 1949 . . . . Bd. 1086

Deutsches Dichten und Denken von der Aufklärung bis zum Realismus von *K. Viëtor* (Deutsche Literaturgeschichte von 1700–1890). 2., durchgesehene Auflage. 156 Seiten. 1949 . . . . Bd. 1096

Der Nibelunge Nôt in Auswahl mit kurzem Wörterbuch von *K. Langosch*. 9., umgearbeitete Auflage. 164 Seiten. 1953 . . . . Bd.

Die deutschen Personennamen von *M. Gottschald*. 2., verbesserte Auflage. 151 Seiten. 1955 . . . . Bd. 422

Indogermanisch · Germanisch

Gotisches Elementarbuch von *H. Hempel.* Grammatik, Texte mit Übersetzung und Erläuterungen. 2., umgearbeitete Auflage. 165 Seiten. 1953 . . . . Bd. 79

Indogermanische Sprachwissenschaft von *H. Krahe.* 2. Auflage. 134 Seiten. 1948 . . . . Bd. 59

Germanische Sprachwissenschaft von *H. Krahe.* 2. Auflage.
II: Formenlehre. 140 Seiten. 1948 . . . . Bd. 780

Althochdeutsches Elementarbuch von *H. Naumann* † und *W. Betz.* 2. Auflage. 156 Seiten. 1954 . . . . Bd. 1111

Altnordisches Elementarbuch von *F. Ranke.* Schrifttum, Sprache, Texte mit Übersetzung und Wörterbuch. 2., durchgesehene Auflage. 146 Seiten. 1949 . . . . . Bd. 1115

Englisch · Französisch · Italienisch

Altenglisches Elementarbuch von *M. Lehnert.* Einführung, Grammatik, Texte mit Übersetzung und Wörterbuch. 2., verbesserte und vermehrte Aufl. 176 Seiten. 1950 . Bd. 1125

Beowulf von *M. Lehnert.* Eine Auswahl mit Einführung, teilweiser Übersetzung, Anmerkungen und etymologischem Wörterbuch. 2., verbesserte Auflage. 135 Seiten. 1949 Bd. 1135

Englische Literaturgeschichte.
I: Die alt- und mittelenglische Periode von *F. Schubel.* 163 Seiten. 1954 . . . . Bd. 1114
II: Von der Renaissance bis zur Aufklärung von *Paul Meissner*†. 139 Seiten. 1937 . . . . Bd. 1116
III: Romantik und Viktorianismus von *Paul Meissner*†. 150 Seiten. 1938 . . . . Bd. 1124
IV: Das 20. Jahrhundert von *Paul Meissner*†. 150 Seiten. 1939 . . . . Bd. 1136

Italienische Literaturgeschichte von *K. Vossler.* Unveränderter Nachdruck der 1927 erschienenen 4., durchgesehenen und verbesserten Auflage. 148 Seiten. 1948 . . . . Bd. 125

Shakespeare von *P. Meissner*†. 2. Auflage, neubearbeitet von M. Lehnert. 136 Seiten. 1954 . . . . Bd. 1142

Griechisch · Lateinisch

Griechische Sprachwissenschaft von *W. Brandenstein.*
I: Einleitung, Lautsystem, Etymologie. 160 Seiten. 1954 Bd. 117

Geschichte der griechischen Sprache
I: Bis zum Ausgang der klassischen Zeit. Von *O. Hoffmann*†. 3., umgearbeitete Auflage von *A. Debrunner.* 156 Seiten. 1954 . . . . Bd. 111
II: Grundfragen und Grundzüge d. nachklass. Griechisch. Von *A. Debrunner.* 144 Seiten. 1954 . . . . Bd. 114

Geschichte der griechischen Literatur von *W. Nestle.* 2., verbesserte Auflage.
I: Von den Anfängen bis auf Alexander d. Gr. 148 Seiten. 1950 . . . . Bd. 70
II: Von Alexander d. Gr. bis zum Ausgang der Antike. 128 Seiten. 1948 . . . . Bd. 557

Geschichte der lateinischen Sprache von *F. Stolz* †. 3., stark umgearbeitete Auflage von *A. Debrunner*. 136 Seiten. 1953 . . . . Bd. 492

Hebräisch · Sanskrit · Russisch

Hebräische Grammatik von *G. Beer*†. 2., völlig neubearbeitete Auflage von *R. Meyer*.
I: Schrift-, Laut- und Formenlehre I. 157 Seiten. 1952. Bd. 763/763a
II: Schrift-, Laut- und Formenlehre II. 1954. In Vorbereitung . . . . Bd. 764/764a

Sanskrit-Grammatik von *M. Mayrhofer*. 89 Seiten. 1953 . . . Bd. 1158

Russische Grammatik von *G. Berneker*. 6., unveränderte Auflage von *M. Vasmer*. 155 Seiten. 1947 . . . . Bd. 66

Erd- und Länderkunde

Afrika von *F. Jaeger*. Ein geographischer Überblick. 2., umgearbeitete Auflage.
I: Der Lebensraum. 179 Seiten mit 18 Abbildungen. 1954 Bd. 910
II: Mensch und Kultur. 155 Seiten mit 6 Abbildungen. 1954 Bd. 911

Australien und Ozeanien von *H. J. Krug*. 176 Seiten mit 46 Skizzen. 1953 . . . . Bd. 319

Kartenkunde von *M. Eckert-Greifendorff*†. 3., durchgesehene Auflage von *W. Kleffner*. 149 Seiten mit 63 Abb. 1950 Bd. 30

Volkswirtschaft · Publizistik

Allgemeine Betriebswirtschaftslehre von *K. Mellerowicz*. 8., unveränderte Auflage.
I: 142 Seiten. 1954 . . . . Bd. 1008
II: 112 Seiten. 1954 . . . . Bd. 1153
III: 143 Seiten. 1954 . . . . Bd. 1154

Zeitungslehre von *E. Dovifat*. 3., neubearbeitete Auflage. 1955. 2 Bände. In Vorbereitung . . . . Bd. 1039/1040

Naturwissenschaften

Mathematik

Geschichte der Mathematik von *J. E. Hofmann.*
I: Von den Anfängen bis zum Auftreten von Fermat und Descartes. 200 Seiten. 1953 . . . . Bd. 226
Mathematische Formelsammlung von *F. Ringleb.* Vollständig umgearbeitete Neuausgabe des Werkes von *O. Th. Bürklen.* 5., verbesserte Auflage. 274 Seiten mit 57 Figuren. 1949 . . . . Bd. 51
Fünfstellige Logarithmen von *A. Adler.* Mit mehreren graphischen Rechentafeln und häufig vorkommenden Zahlwerten. 2. Auflage. Neudruck. 127 Seiten mit 1 Tafel. 1949 . . . . Bd. 423
Höhere Algebra von *H. Hasse.* 3., verbesserte Auflage.
I: Lineare Gleichungen. 152 Seiten. 1951 . . . . Bd. 931
II: Gleichungen höheren Grades. 158 Seiten mit 5 Figuren. 1951 . . . . Bd. 932
Aufgabensammlung zur höheren Algebra von *H. Hasse* und *W. Klobe.* 2., verbesserte und vermehrte Auflage. 181 Seiten. 1952 . . . . Bd. 1082
Elementare und klassische Algebra vom modernen Standpunkt von *W. Krull.* 2., erweiterte Auflage.
I: 136 Seiten. 1952 . . . . Bd. 930
Einführung in die Zahlentheorie von *A. Scholz†.* Überarbeitet von *B. Schoeneberg.* 1955. In Vorbereitung . . . . . Bd. 1131
Gruppentheorie von *L. Baumgartner.* 2. Auflage. 115 Seiten mit 6 Figuren. 1949 . . . . Bd. 837
Funktionentheorie von *K. Knopp.* 7. Auflage.
I: Grundlagen der allgemeinen Theorie der analytischen Funktionen. 139 Seiten. Nachdruck 1954 . . . . Bd. 668
II: Anwendungen und Weiterführung der allgemeinen Theorie. 130 Seiten. Nachdruck 1954 . . . . Bd. 703
Aufgabensammlung zur Funktionentheorie von *K. Knopp.* 4. Auflage.
I: Aufgaben zur elementaren Funktionentheorie. 135 Seiten. 1949 . . . . Bd. 877
II: Aufgaben zur höheren Funktionentheorie. 151 Seiten. 1949 . . . . Bd. 878
Elemente der Funktionentheorie von *K. Knopp.* 3. Auflage. 144 Seiten. Nachdruck 1954 . . . . Bd. 1109
Differentialrechnung von *A. Witting†.* 3., neubearbeitete Auflage. Durchgesehener Neudruck. 201 Seiten mit 95 Figuren und 200 Beispielen. 1949 . . . . Bd. 87

Repetitorium und Aufgabensammlung zur Differentialrechnung von *A. Witting*†. 2., neubearbeitete Auflage. Durchgesehener Neudruck. 145 Seiten. 1949 . . . . Bd. 146

Integralrechnung von *A. Witting*†. 2., verbesserte Auflage. Durchgesehener Neudruck. 176 Seiten mit 62 Figuren und 190 Beispielen . . . . Bd. 88

Repetitorium und Aufgabensammlung zur Integralrechnung von *A. Witting*†. 2., neubearbeitete Auflage. Durchgesehener Neudruck. 121 Seiten mit 32 Figuren und 309 Beispielen. 1949. . . . . Bd. 147

Gewöhnliche Differentialgleichungen von *G. Hoheisel*. 4., neubearbeitete Auflage. 129 Seiten. 1951 . . . . Bd. 920

Partielle Differentialgleichungen von *G. Hoheisel*. 3., neubearbeitete Auflage. Etwa 130 Seiten. 1954 . . . . . . Bd. 1003

Aufgabensammlung zu den gewöhnlichen und partiellen Differentialgleichungen von *G. Hoheisel*. 2., umgearbeitete Auflage. 124 Seiten. 1952 . . . . Bd. 1059

Darstellende Geometrie von *W. Haack*.

I: Die wichtigsten Darstellungsmethoden. Grund- und Aufriß ebenmäßiger Körper. 106 Seiten mit 117 Abbildungen. 1954 . . . . Bd. 142

II: Körper mit krummen Begrenzungsflächen. Kotierte Projektionen. 129 Seiten mit 86 Abbildungen. 1954 . . Bd. 143

Sammlung von Aufgaben und Beispielen zur analytischen Geometrie der Ebene von *R. Haussner*. Mit den vollständigen Lösungen. 139 Seiten mit 22 Figuren im Text. Neudruck. 1949 . . . . Bd. 256

Nichteuklidische Geometrie von *R. Baldus*†. Hyperbolische Geometrie der Ebene. 3., verbesserte Auflage, durchgesehen und herausgegeben von *F. Löbell*. 140 Seiten mit 70 Figuren im Text. 1954 . . . . Bd. 970

Differentialgeometrie von *K. Strubecker* (früher Rothe). 2 Bände. In Vorbereitung . . . . Bd. 1113

Einführung in die konforme Abbildung von *L. Bieberbach*. 4. Auflage. 147 Seiten mit 42 Zeichnungen. 1949 . . . Bd. 768

Vektoranalysis von *S. Valentiner*. Neudruck der 7. Auflage (1950). 138 Seiten mit 19 Figuren. 1954 . . . . Bd. 354

Vermessungskunde von *P. Werkmeister*.

I: Stückmessung und Nivellieren. 9. Auflage. 165 Seiten mit 145 Figuren. 1949 . . . . Bd. 468

II: Messung von Horizontalwinkeln. Festlegung von Punkten im Koordinatensystem. Absteckungen. 7. Auflage. 151 Seiten mit 93 Figuren. 1949 . . . . Bd. 469

III: Trigonometrische und barometrische Höhenmessung. Tachymetrie und Topographie. 6. Auflage. 147 Seiten mit 64 Figuren. 1949 . . . . Bd. 862

Versicherungsmathematik von *F. Böhm*.

I: Elemente der Versicherungsrechnung. 3., vermehrte und verbesserte Auflage. Durchgesehener Neudruck. 151 Seiten. 1954. . . . . Bd. 180

II: Lebensversicherungsmathematik. Einführung in die technischen Grundlagen der Sozialversicherung. 2., verbesserte Auflage. 205 Seiten. 1953 . . . . Bd. 917/917a

Physik

Einführung in die theoretische Physik von *W. Döring*
I: Mechanik. 119 Seiten mit 29 Abbildungen. 1954 . . . Bd. 76
II: Theorie des elektromagnetischen Feldes. In Vorbereitg. Bd. 77

Atomphysik von *K. Bechert* und *Ch. Gerthsen*. 3., umgearb. Auflage.
I und II: 1955. In Vorbereitung . . . . Bd. 1009/1033
III: Theorie des Atombaus. 1. Teil von *K. Bechert*. 148 Seit. mit 16 Abbildungen. 1954 . . . . Bd. 1123/1123a
IV: Theorie des Atombaus. 2. Teil von *K. Bechert*. 170 Seiten mit 14 Abbildungen .1954 . . . . Bd. 1165/1165a

Differentialgleichungen der Physik von *F. Sauter*. 2. Auflage. 148 Seiten mit 16 Figuren. 1950 . . . . Bd. 1070

Physikalische Formelsammlung von *G. Mahler* und *K. Mahler*. 8., verbesserte Auflage. 153 Seiten mit 69 Figuren. 1950 Bd. 136

Physikalische Aufgabensammlung von *G. Mahler* und *K. Mahler*. Mit den Ergebnissen. 8. Auflage. 1955. In Vorbereitung . . . . Bd. 243

Chemie

Geschichte der Chemie von *G. Lockemann*. In kurzgefaßter Darstellung
I: Vom Altertum bis zur Entdeckung des Sauerstoffs. 142 Seiten mit 8 Bildnissen. 1950 . . . . Bd. 264
II: Von der Entdeckung des Sauerstoffs bis zur Gegenwart. In Vorbereitung . . . . Bd. 265

Anorganische Chemie von *W. Klemm*. 8. Auflage. 184 Seiten mit 18 Abbildungen. 1954 . . . . Bd. 37

Organische Chemie von *W. Schlenk*. 6., erweiterte Auflage. 263 Seiten. 1954 . . . . Bd. 38/38a

Allgemeine und physikalische Chemie von *W. Schulze*.
I: 1955. In Vorbereitung . . . . Bd. 71
II: 3., durchgesehene Auflage. 160 Seiten mit 36 Fig. 1949. Bd. 698
III: Molekülbau. 1955. In Vorbereitung . . . . Bd. 786

Analytische Chemie von *J. Hoppe*. 5., verbesserte Auflage.
I: Reaktionen. 135 Seiten. 1950 . . . . Bd. 247
II: Gang der qualitativen Analyse. 166 Seiten. 1950 . . . Bd. 248

Maßanalyse von *G. Jander* und *K. F. Jahr*. Theorie und Praxis der klassischen und der elektrochemischen Titrierverfahren. 6. Auflage.
I: 140 Seiten mit 18 Figuren. 1952 . . . . Bd. 221
II: 139 Seiten mit 24 Figuren. 1952 . . . . Bd. 1002

Thermochemie von *W. A. Roth*. 2., verbesserte Auflage. 109 Seiten mit 16 Figuren. 1952 . . . . Bd. 1057

Physikalisch-chemische Rechenaufgaben von *E. Asmus*. 2. Auflage. 96 Seiten. 1949 . . . . Bd. 445

Stöchiometrische Aufgabensammlung von *W. Bahrdt* und *R. Scheer*. Mit den Ergebnissen. 5., verbesserte Auflage. 120 Seiten. 1952 . . . . Bd. 452

Elektrochemie und ihre physikalisch-chemischen Grundlagen von *A. Dassler*.
I: 149 Seiten mit 21 Abbildungen. 1950 . . . . Bd. 252
II: 178 Seiten mit 17 Abbildungen. 1950 . . . . Bd. 253

Technologie

Warenkunde von *K. Hassak*† und *E. Beutel*†. 7. Auflage. Neubearbeitet von *A. Kutzelnigg*.
I: Anorganische Waren sowie Kohle und Erdöl. 116 Seiten mit 19 Figuren. 1947 . . . . Bd. 222
II: Organische Waren. 143 Seiten mit 32 Figuren. 1949 . . Bd. 222

Die Fette und Öle von *K. Braun*†. 5., völlig neubearbeitete und verbesserte Auflage von *Th. Klug*. 145 Seiten. 1950 . . Bd. 335

Die Seifenfabrikation von *K. Braun*†. 3., neubearbeitete und verbesserte Auflage von *Th. Klug*. 116 Seiten mit 18 Abbildungen. 1953 . . . . Bd. 336

Textilindustrie von *A. Blümcke*.
I: Spinnerei und Zwirnerei. 112 Seiten mit 43 Abbildungen. 1954. . . . . Bd. 184

Biologie

Hormone von *G. Koller*. 2., neubearbeitete und erweiterte Auflage. 187 Seiten mit 60 Abbildungen und 19 Tabellen. 1949 . . . . Bd. 1141

Fortpflanzung im Tier- und Pflanzenreich von *J. Hämmerling*. 2., ergänzte Auflage. 135 Seiten mit 101 Abbildungen. 1951 . . . . Bd. 1138

Geschlecht und Geschlechtsbestimmung im Tier- und Pflanzenreich von *M. Hartmann*. 2., verbesserte Auflage. 116 Seiten mit 61 Abbildungen und 7 Tabellen. 1951 . Bd. 1127

Grundriß der allgemeinen Mikrobiologie von *W. Schwartz*
I: 104 Seiten mit 17 Abbildungen. 1949 . . . . Bd. 1155
II: 93 Seiten mit 12 Abbildungen. 1949 . . . . Bd. 1157

Symbiose der Tiere mit pflanzlichen Mikroorganismen von *P. Buchner*. 2., verbesserte und vermehrte Auflage. 130 Seiten mit 121 Abbildungen. 1949 . . . . Bd. 1128

Botanik

Entwicklungsgeschichte des Pflanzenreiches von *H. Heil*. 2. Auflage. 138 Seiten mit 94 Abbildungen und 1 Tabelle. 1950 Bd. 1137

Morphologie der Pflanzen von *L. Geitler*. 3. Auflage. 126 Seiten mit 114 Abbildungen. 1954 . . . . Bd. 141

Pflanzenzüchtung von *H. Kuckuck*. 3., völlig umgearbeitete Auflage.
I: Grundzüge der Pflanzenzüchtung. 132 Seiten mit 22 Abbildungen. 1952 . . . . Bd. 1134

Die Laubhölzer von *F. W. Neger*† und *E. Münch*†. Kurzgefaßte Beschreibung der in Mitteleuropa gedeihenden Laubbäume und Sträucher. 3., durchgesehene Auflage, herausgegeben von *B. Huber*. 143 Seiten mit 63 Figuren und 7 Tabellen. 1950 . . . . Bd. 718

Die Nadelhölzer (Koniferen) und übrigen Gymnospermen von *F. W. Neger*† und *E. Münch*†. 4. Auflage. Durchgesehen und ergänzt von *B. Huber*. 140 Seiten mit 75 Figuren, 4 Tabellen und 3 Karten. 1952 . . . . Bd. 355

Zoologie

Entwicklungsphysiologie der Tiere von *F. Seidel.*
I: Ei und Furchung. 126 Seiten mit 29 Abbildungen. 1953 . . . . Bd. 1162
II: Körpergrundgestalt und Organbildung. 159 Seiten mit 42 Abbildungen. 1953 . . . . Bd. 1163

Das Tierreich.
Fische von *D. Lüdemann.* In Vorbereitung . . . . . . Bd. 356
Insekten von *H. von Lengerken.* 128 Seiten mit 58 Abbildungen. 1953 . . . . Bd. 594
Lurche von *K. Herter.* 140 Seiten mit 129 Abbild. 1955 Bd. 847
Spinnentiere von *A. Kaestner.* 96 S. mit 55 Abb. 1955. Bd. 1161
Würmer von *S. Jaeckel.* 112 Seiten mit 36 Abbild. 1954 Bd. 439
Weichtiere von *S. Jaeckel.* 92 Seiten mit 34 Abbildungen. 1955 . . . . Bd. 440

Vergleichende Physiologie der Tiere von *K. Herter.* 3. Auflage der „Tierphysiologie".
I: Stoff- und Energiewechsel. 155 Seiten mit 64 Abbild. 1950 . . . . Bd. 972
II: Bewegung und Reizerscheinungen. 148 Seiten mit 110 Abbildungen. 1950 . . . . Bd. 973

Land- und Forstwirtschaft

Landwirtschaftliche Tierzucht von *H. Vogel.* Die Züchtung und Haltung der landwirtschaftlichen Nutztiere. 139 Seiten mit 11 Abbildungen. 1952 . . . . Bd. 228

Kulturtechnische Bodenverbesserungen von *O. Fauser.* 4., neubearbeitete Auflage.
I: Allgemeines, Entwässerung. 122 Seiten mit 47 Abbildungen. 1947 . . . . Bd. 691
II: Bewässerung, Ödlandkultur, Umlegung. 150 Seiten mit 67 Abbildungen. 1949 . . . . Bd. 692

Agrikulturchemie von *K. Scharrer.*
I: Pflanzenernährung. 143 Seiten. 1953 . . . . Bd. 329

Geologie · Mineralogie · Kristallographie

Kristallographie von *W. Bruhns†* und *P. Ramdohr.* 4. Auflage. 106 Seiten mit 163 Abbildungen. 1954 . . . . Bd. 210

Einführung in die Kristalloptik von *E. Buchwald.* 4., verbess. Auflage. 138 Seiten mit 121 Figuren. 1952 . . . . . . Bd. 619

Lötrohrprobierkunde von *M. Henglein.* Mineraldiagnose mit Lötrohr- und Tüpfelreaktion. 3., verbesserte Auflage. 91 Seiten mit 11 Figuren. 1949 . . . . Bd. 483

Mineral- und Erzlagerstättenkunde von *H. Huttenlocher.*
I: 128 Seiten mit 34 Abbildungen. 1954 . . . . Bd. 1014
II: 156 Seiten mit 48 Abbildungen. 1954 . . . . . Bd. 1015/1015a

Mineralogie von *R. Brauns†* und *K. F. Chudoba.* 9. Auflage.
I: Allgemeine Mineralogie. 1955. In Vorbereitung . . . Bd. 29
II: Spezielle Mineralogie. 1955. In Vorbereitung . . . . Bd. 31

Petrographie. Von *W. Bruhns†* und *P. Ramdohr.* 4., durchgesehene Auflage. Mit 10 Abbildungen. 1955. In Vorbereitung . . . . Bd. 173

Geologie von *F. Lotze.* 1955. In Vorbereitung . . . . Bd. 13

Technik

Elektrotechnik

Die Gleichstrommaschine von *K. Humburg.* Durchgesehener Neudruck.
I: 102 Seiten mit 59 Abbildungen. 1949 . . . . Bd. 257
II: 98 Seiten mit 38 Abbildungen. 1949 . . . . Bd. 881

Die synchrone Maschine von *K. Humburg.* Neudruck. 109 Seiten mit 78 Bildern. 1951 . . . . Bd. 1146

Induktionsmaschinen von *F. Unger.* 2., erweiterte Auflage. 142 Seiten mit 49 Abbildungen. 1954 . . . . Bd. 1140

Transformatoren von *W. Schäfer.* 2. Auflage. 128 Seiten mit 74 Abbildungen. 1949 . . . . Bd. 952

Die komplexe Berechnung von Wechselstromschaltungen von *H. H. Meinke.* 160 Seiten mit 114 Abbildungen. 1949 . Bd. 1156

Theoretische Grundlagen zur Berechnung der Schaltgeräte von *F. Kesselring.* 3. Auflage. 144 Seiten mit 92 Abbildungen. 1950 . . . . Bd. 711

Elektromotorische Antriebe (Grundlagen für die Berechnung) von *A. Schwaiger.* 3., neubearbeitete Auflage. 96 Seiten mit 34 Abbildungen. 1952 . . . . Bd. 827

Technische Tabellen und Formeln von *W. Müller.* 4., verbesserte und erweiterte Auflage von *E. Schulze.* 152 Seiten mit 105 Figuren. 1951 . . . . Bd. 579

Überspannungen und Überspannungsschutz von *G. Frühauf.* Durchgesehener Neudruck. 122 Seiten mit 98 Abbildungen. 1950 . . . . Bd. 1132

Maschinenbau

Werkzeugmaschinen von *K. P. Matthes.*
I: 110 Seiten mit 27 Abbildungen, 11 Zahlentafeln im Text und 1 Tafelanhang. 1954 . . . . Bd. 561
II: 1955. In Vorbereitung . . . . Bd. 562

Die Maschinenelemente von *E. A. vom Ende.* 2., verbesserte Auflage. 159 Seiten mit 173 Figuren und 12 Tafeln. 1950 Bd. 3

Das Maschinenzeichnen mit Einführung in das Konstruieren von *W. Tochtermann.* 4. Auflage.
I: Das Maschinenzeichnen. 156 Seiten mit 77 Tafeln. 1950 Bd. 589
II: Ausgeführte Konstruktionsbeispiele. 130 Seiten mit 58 Tafeln. 1950 . . . . Bd. 590

Getriebelehre von *P. Grodzinski.* 2., neubearbeitete Auflage.
I: Geometrische Grundlagen. 159 Seiten mit 142 Figuren. 1953 . . . . Bd. 1061

Gießereitechnik von *H. Jungbluth.*
I: Eisengießerei. 126 Seiten mit 44 Abbildungen. 1951 . . Bd. 1159

Die Dampfkessel und Feuerungen einschließlich Hilfseinrichtungen in Theorie, Konstruktion und Berechnung von *W. Marcard*†. 2. Auflage. Neubearbeitet von *K. Beck*.
I: Die theoretischen Grundlagen. Wärme, Verbrennung, Wärmeübertragung. 150 Seiten mit 42 Abbildungen und 16 Tabellen. 1951 . . . . Bd. 9
II: Dampfkessel. 147 Seiten mit 43 Abbildungen. 1952 . . Bd. 521

Technische Thermodynamik von *W. Nusselt*.
I: Grundlagen. 3., verbesserte Auflage. 144 Seiten mit 71 Abbildungen. 1950 . . . . Bd. 1084
II: Theorie der Wärmekraftmaschinen. Neudruck. 144 Seiten mit 87 Abbildungen und 32 Zahlentafeln. 1951 . . Bd. 1151

Autogenes Schweißen und Schneiden von *H. Niese*. 5. Auflage. Neubearbeitet von *A. Küchler*. 136 Seiten mit 71 Figuren. 1954 . . . . Bd. 499

Elektrische Schweißverfahren von *H. Niese*. Herausgegeben von *H. Dienst*. In Vorbereitung . . . . Bd. 1020

Metallkunde. Einführendes über Aufbau, Eigenschaften und Untersuchung von Metallen und Legierungen sowie über Grundlagen des Schmelzens, des Gießens, des Verformens, der Wärmebehandlung, der Oberflächenbehandlung, der Verbinde- und Trennarbeiten von *H. Borchers*. 2. Auflage.
I: Aufbau der Metalle und Legierungen. 110 Seiten mit 2 Tabellen und 90 Abbildungen. 1950 . . . . Bd. 432
II: Eigenschaften. Grundzüge der Form- und Zustandsgebung. 154 Seiten mit 8 Tabellen und 100 Abbildungen. 1952 . . . . Bd. 433

Dynamik von *W. Müller*. 2., verbesserte Auflage.
I: Dynamik des Einzelkörpers. 128 Seiten mit 48 Figuren. 1952 . . . . Bd. 902
II: Systeme von starren Körpern. 102 Seiten mit 41 Figuren. 1952 . . . . Bd. 903

Technische Schwingungslehre von *L. Zipperer*.
I: Allgemeine Schwingungsgleichungen, einfache Schwinger. 2., neubearbeitete Auflage. 120 Seiten mit 101 Abbildungen. 1953 . . . . Bd. 953
II: In Vorbereitung . . . . Bd. 961

Hebezeuge von *G. Tafel*.
I: 2., verbesserte Auflage. 276 Seiten mit 230 Figuren. 1954 . . . . Bd. 414/414a

Wasserbau

Wasserkraftanlagen von *A. Ludin*. 2 Bände. 1955. In Vorbereitung . . . . Bd. 665/666

Verkehrswasserbau von *H. Dehnert*.
I: Entwurfsgrundlagen, Flußregelungen. 103 Seiten mit 52 Textabbildungen. 1950 . . . . Bd. 585
II: Flußkanalisierungen und Schiffahrtskanäle. 94 Seiten mit 60 Textabbildungen. 1950 . . . . Bd. 597
III: Schleusen und Hebewerke. 98 Seiten mit 70 Textabbildungen. 1950 . . . . Bd. 1152

Talsperren von *F. Tölke.* 122 Seiten mit 70 Abbildungen. 1953 Bd. 1044

Wehr- und Stauanlagen von *H. Dehnert.* 134 Seiten mit 90 Abbildungen. 1952 . . . . Bd. 965

Hoch- und Tiefbau

Die wichtigsten Baustoffe des Hoch- und Tiefbaus von *O. Graf.* 4., verbesserte Auflage. 131 Seiten mit 63 Abbildungen. 1953 . . . . Bd. 984

Baustoffverarbeitung und Baustellenprüfung des Betons von *A. Kleinlogel.* 2., neubearbeitete und erweiterte Auflage. 126 Seiten mit 35 Abbildungen. 1951 . . . . . . Bd. 978

Festigkeitslehre von *W. Gehler*† und *W. Herberg.*

I: Elastizität, Plastizität und Festigkeit der Baustoffe und Bauteile. Durchgesehener und erweiterter Neudruck. 159 Seiten mit 18 Bildern. 1952 . . . . Bd. 1144

II: Formänderung, Platten, Stabilität und Bruchhypothesen. Bearb. von W. Herberg und N. Dimitrov. Mit 94 Bildern. In Vorbereitung . . . . Bd. 1145

Grundlagen des Stahlbetonbaus von *A. Troche.* 2., neubearbeitete und erweiterte Auflage. 208 Seiten mit 75 Abbildungen, 17 Bemessungstafeln und 20 Rechenbeispielen. 1953 . . . . Bd. 1078

Fenster, Türen, Tore aus Holz und Eisen. Eine Einleitung zu ihrer guten Gestaltung, wirtschaftlichen Bemessung und handwerksgerechten Konstruktion von *W. Wickop.* 4. Auflage. 1955. In Vorbereitung . . . . Bd. 1092

Heizung und Lüftung von *J. Körting*† und *W. Körting.* 8., neubearbeitete Auflage.

I: Das Wesen und die Berechnung der Heizungs- und Lüftungsanlagen. 140 Seiten mit 29 Abbildungen und 18 Zahlentafeln. 1951 . . . . Bd. 342

II: Die Ausführung der Heizungs- und Lüftungsanlagen. 152 Seiten mit 165 Abbildungen und 7 Zahlentafeln. 1954 . . . . Bd. 343

SAMMLUNG GÖSCHEN / BANDNUMMERNFOLGE

1 Langosch, Der Nibelunge Nôt
3 vom Ende, Maschinenelemente
9 Marcard-Beck, Dampfkessel I
13 Lotze, Geologie
20 Hofstaetter-Spree, Dt. Sprachlehre
29 Brauns-Chudoba, Allg. Mineralogie
30 Eckert-Greifendorff-Kleffner, Kartenkunde
31 Brauns-Chudoba, Spez. Mineralogie
37 Klemm, Anorganische Chemie
38/38a Schlenk, Organ. Chemie
42 Behn, Vorgeschichte Europas
51 Bürklen-Ringleb, Mathematische Formelsammlung
59 Krahe, Indogerm. Sprachwiss.
61 Biehle, Redetechnik
66 Berneker-Vasmer, Russische Grammatik
70 Nestle, Griech. Literaturgesch. I
71 Schulze, Allgem. und physikalische Chemie I
76 Döring, Einführ. i. d. theoret. Physik I
77 Döring, Einführ. i. d. theoret. Physik II
79 Hempel, Gotisches Elementarbuch
80 Weigert, Stilkunde I
87 Witting, Differentialrechnung
88 Witting, Integralrechnung
101 v. Wiese, Soziologie
111 Hoffmann-Debrunner, Geschichte der griech. Sprache I
114 Hoffmann-Debrunner, Geschichte der griech. Sprache II
117 Brandenstein, Griechische Sprachwissenschaft
125 Vossler, Italienische Literaturgeschichte
136 Mahler, Physikalische Formelsammlung
141 Geitler, Morphologie der Pflanzen
142 Haack, Darst. Geometrie I
143 Haack, Darst. Geometrie II
145 Weimer, Geschichte der Pädagogik
146 Witting, Repetitorium und Aufgabensammlung zur Differentialrechnung
147 Witting, Repetitorium und Aufgabensammlung zur Integralrechnung
170 Oehlmann, Musik des 19. Jahrhunderts
173 Bruhns-Ramdohr, Petrographie
180 Böhm, Versicherungsmathematik I
184 Blümcke, Textilindustrie I
200/200a Gottschald, Dt. Rechtschreibungswörterbuch
210 Bruhns-Ramdohr, Kristallographie
220/220a Moser, Allgemeine Musiklehre
221 Jander-Jahr, Maßanalyse I
222 Hassak-Beutel, Warenkunde I
223 Hassak-Beutel, Warenkunde II
226 Hofmann, Geschichte der Mathematik I
228 Vogel, Landw. Tierzucht
230 Krieger, Bad. Geschichte
243 Mahler, Physikal. Aufgabensammlung
247 Hoppe, Analytische Chemie I
248 Hoppe, Analytische Chemie II
252 Dassler, Elektrochemie I
253 Dassler, Elektrochemie II
256 Haussner, Aufgabensammlung zur analytischen Geometrie der Ebene
257 Humburg, Die Gleichstrommaschine I
264 Lockemann, Geschichte der Chemie I
265 Lockemann, Geschichte der Chemie II
270 Kirn, Einführung in die Geschichtswissenschaft
279 Jacob, Quellenkunde der deutschen Geschichte I
280 Jacob, Quellenkunde der deutschen Geschichte II
281 Leisegang, Einführung in die Philosophie
284 Jacob-Weden, Quellenkunde der deutschen Geschichte III

319 Krug, Australien und Ozeanien
329 Scharrer, Agrikulturchemie I
335 Braun-Klug, Fette und Öle
336 Braun-Klug, Seifenfabrikation
342 Körting, Heizung und Lüftung I
343 Körting, Heizung und Lüftung II
344 Moser, Musikästhetik
352 Devrient. Thüring. Geschichte
354 Valentiner, Vektoranalysis
355 Neger-Münch, Nadelhölzer
356 Lüdemann, Fische
375 Preller, Geschichte Englands I
394/394a Schilling, Von der Renaissance bis Kant
414/414a Tafel, Hebezeuge I
422 Gottschald, Dt. Personennamen
423 Adler, Fünfstell. Logarithmen
432 Borchers, Metallkunde I
433 Borchers, Metallkunde II
439 Jaeckel, Würmer
440 Jaeckel, Weichtiere
445 Asmus, Physikal.-chemische Rechenaufgaben
452 Bahrdt-Scheer, Stöchiometrische Aufgabensammlung
468 Werkmeister, Vermessungskunde I
469 Werkmeister, Vermessungskunde II
483 Henglein, Lötrohrprobierkunde
492 Stolz-Debrunner, Geschichte der lateinischen Sprache
499 Niese, Autogen. Schweißen
500 Simmel, Hauptprobleme der Philosophie
521 Marcard-Beck, Dampfkessel und Feuerungen II
536 Lehmann, Kant
538 Rumpf, Archäologie I
539 Rumpf, Archäologie II
557 Nestle, Griechische Literaturgeschichte II
561 Matthes, Werkzeugmaschinen I
562 Matthes, Werkzeugmasch. II
564 Behn, Kultur der Urzeit I
565 Behn, Kultur der Urzeit II
566 Behn, Kultur der Urzeit III
571 Lehmann, Philosophie des 19. Jahrhunderts I
576/576a Moser, Gesangskunst
579 Müller-Schulze, Techn. Tabellen
585 Dehnert, Verkehrswasserbau I
589 Tochtermann, Maschinenzeichnen I
590 Tochtermann, Maschinenzeichnen II
594 Lengerken, Insekten
597 Dehnert, Verkehrswasserbau II
619 Buchwald, Kristalloptik
665 Ludin, Wasserkraftanlagen I
666 Ludin, Wasserkraftanlagen II
668 Knopp, Funktionentheorie I
691 Fauser, Kulturtechn. Bodenverbesserungen I
692 Fauser, Kulturtechn. Bodenverbesserungen II
698 Schulze, Allgemeine und physikalische Chemie II
703 Knopp, Funktionentheorie II
709 Lehmann, Philosophie des 19. Jahrhunderts II
711 Kesselring, Berechnung der Schaltgeräte
718 Neger-Münch, Laubhölzer
763/763a Beer-Meyer, Hebräische Grammatik I
764/764a Beer-Meyer, Hebräische Grammatik II
768 Bieberbach, Einführung in die konforme Abbildung
780 Krahe, Germ. Sprachwiss. II
781 Weigert, Stilkunde II
768 Schulze, Molekülbau
807 Kropp, Erkenntnistheorie I
809 Moser, Harmonielehre I
810 Moser, Harmonielehre II
826 Koch, Philosophie des Mittelalters
827 Schwaiger, Elektromotorische Antriebe
837 Baumgartner, Gruppentheorie
845 Lehmann, Philosophie im ersten Drittel des 20. Jahrhunderts
847 Herter, Lurche
857 Capelle, Griech. Philosophie I
858 Capelle, Griech. Philosoph. II
859 Capelle, Griech. Philosoph. III
862 Werkmeister, Vermessungskunde III
863 Capelle, Griech. Philosoph. IV
877 Knopp, Aufgabensammlung zur Funktionentheorie I

878 Knopp, Aufgabensammlung zur Funktionentheorie II
881 Humburg, Gleichstrommaschine II
902 Müller, Dynamik I
903 Müller, Dynamik II
910 Jaeger, Afrika I
911 Jaeger, Afrika II
917/917a Böhm, Versicherungsmathematik II
920 Hoheisel, Gewöhnliche Differentialgleichungen
929 Schirmer, Dt. Wortkunde
930 Krull, Elementare und klassische Algebra I
931 Hasse, Höhere Algebra I
932 Hasse, Höhere Algebra II
952 Schäfer, Transformatoren
953 Zipperer, Techn. Schwingungslehre I
961 Zipperer, Techn. Schwingungslehre II
965 Dehnert, Wehr- u. Stauanlagen
970 Baldus-Löbell, Nichteuklid. Geometrie
972 Herter, Tierphysiologie I
973 Herter, Tierphysiologie II
978 Kleinlogel, Baustoffverarbeitung und Baustellenprüfung des Betons
984 Graf, Die wichtigsten Baustoffe des Hoch- und Tiefbaues
1000 Jaspers, Geistige Situation
1002 Jander-Jahr, Maßanalyse II
1003 Hoheisel, Partielle Differentialgleichungen
1008 Mellerowicz, Allgemeine Betriebswirtschaftslehre I
1009 Bechert-Gerthsen, Atomphysik I
1014 Huttenlocher, Mineral- und Erzlagerstättenkunde I
1015/1015a Huttenlocher, Mineral- und Erzlagerstättenkunde II
1021 Niese-Dienst, Elektr. Schweißverfahren
1031 Apel, Philosophisches Wörterbuch
1033 Bechert-Gerthsen, Atomphysik II
1034 Kranefeldt, Therapeutische Psychologie
1039 Dovifat, Zeitungslehre I
1040 Dovifat, Zeitungslehre II
1044 Tölke, Talsperren
1045 Schubert, Technik des Klavierspiels
1057 Roth, Thermochemie
1059 Hoheisel, Aufgabensammlung zu den gewöhnl. und partiellen Differentialgleichungen
1061 Grodzinski, Getriebelehre I
1065 Haller, Von den Karolingern zu den Staufern
1070 Sauter, Differentialgleichungen der Physik
1078 Troche, Stahlbetonbau
1082 Hasse-Klobe, Aufgabensammlung zur Höheren Algebra
1084 Nusselt, Technische Thermodynamik I
1086 Müller, Dt. Dichten u. Denken
1088 Preller, Geschichte Englands II
1092 Wickop, Fenster, Türen, Tore,
1094 Hernried, System. Modulation
1096 Viëtor, Dt. Dichten u. Denken
1105 Hartung, Dt. Geschichte im Zeitalter der Reformation
1109 Knopp, Elemente der Funktionentheorie
1111 Naumann-Betz, Althochdeutsches Elementarbuch
1113 Strubecker, Differentialgeometrie I
1114 Schubel, Englische Literaturgeschichte I
1115 Ranke, Altnord. Elementarbuch
1116 Meissner, Englische Literaturgeschichte II
1121 Naumann, Dt. Dichten und Denken
1122 Feist, Sprechen und Sprachpflege
1123/1123a Bechert-Gerthsen, Atomphysik III
1124 Meissner, Englische Literaturgeschichte III
1125 Lehnert, Altengl. Elementarbuch
1127 Hartmann, Geschlecht und Geschlechtsbestimmung im Tier- und Pflanzenreich

1128 Buchner, Symbiose der Tiere mit pflanzl. Mikroorganismen
1130 Dibelius, Jesus
1131 Scholz-Schoeneberg Einführung in die Zahlentheorie
1132 Frühauf, Überspannungen und Überspannungsschutz
1134 Kuckuck, Pflanzenzüchtung I
1135 Lehnert, Beowulf
1136 Meissner, Englische Literaturgeschichte IV
1137 Heil, Entwicklungsgeschichte des Tier- und Pflanzenreichs
1138 Hämmerling, Fortpflanzung im Tier- und Pflanzenreich
1140 Unger, Induktionsmaschinen
1141 Koller, Hormone
1142 Meissner-Lehnert, Shakespeare
1144 Gehler, Festigkeitslehre I
1145 Herberg, Festigkeitslehre II
1146 Humburg, Synchrone Maschine
1147 v. Waltershausen, Kunst des Dirigierens
1148 Pepping, Der polyphone Satz I
1151 Nusselt, Technische Thermodynamik II
1152 Dehnert, Verkehrswasserbau III
1153 Mellerowicz, Allgem. Betriebswirtschaftslehre II
1154 Mellerowicz, Allgem. Betriebswirtschaftslehre III
1155 Schwartz, Mikrobiologie I
1156 Meinke, Kompl. Berechnung der Wechselstromschaltungen
1157 Schwartz, Mikrobiologie II
1158 Mayrhofer, Sanskrit-Grammatik
1159 Jungbluth, Gießereitechnik I
1160 Dibelius-Kümmel, Paulus
1161 Kaestner, Spinnentiere
1162 Seidel, Entwicklungsphysiologie der Tiere I
1163 Seidel, Entwicklungsphysiologie der Tiere II
1165/1165a Bechert-Gerthsen, Atomphysik IV

AUTORENREGISTER

FSC
www.fsc.org
MIX
Papier | Fördert gute Waldnutzung
FSC® C083411

Kolibri 360 GmbH
Ferdinand-Jühlke-Straße 7
99095 Erfurt, Deutschland
produktsicherheit@kolibri360.de